CROSS STORIES

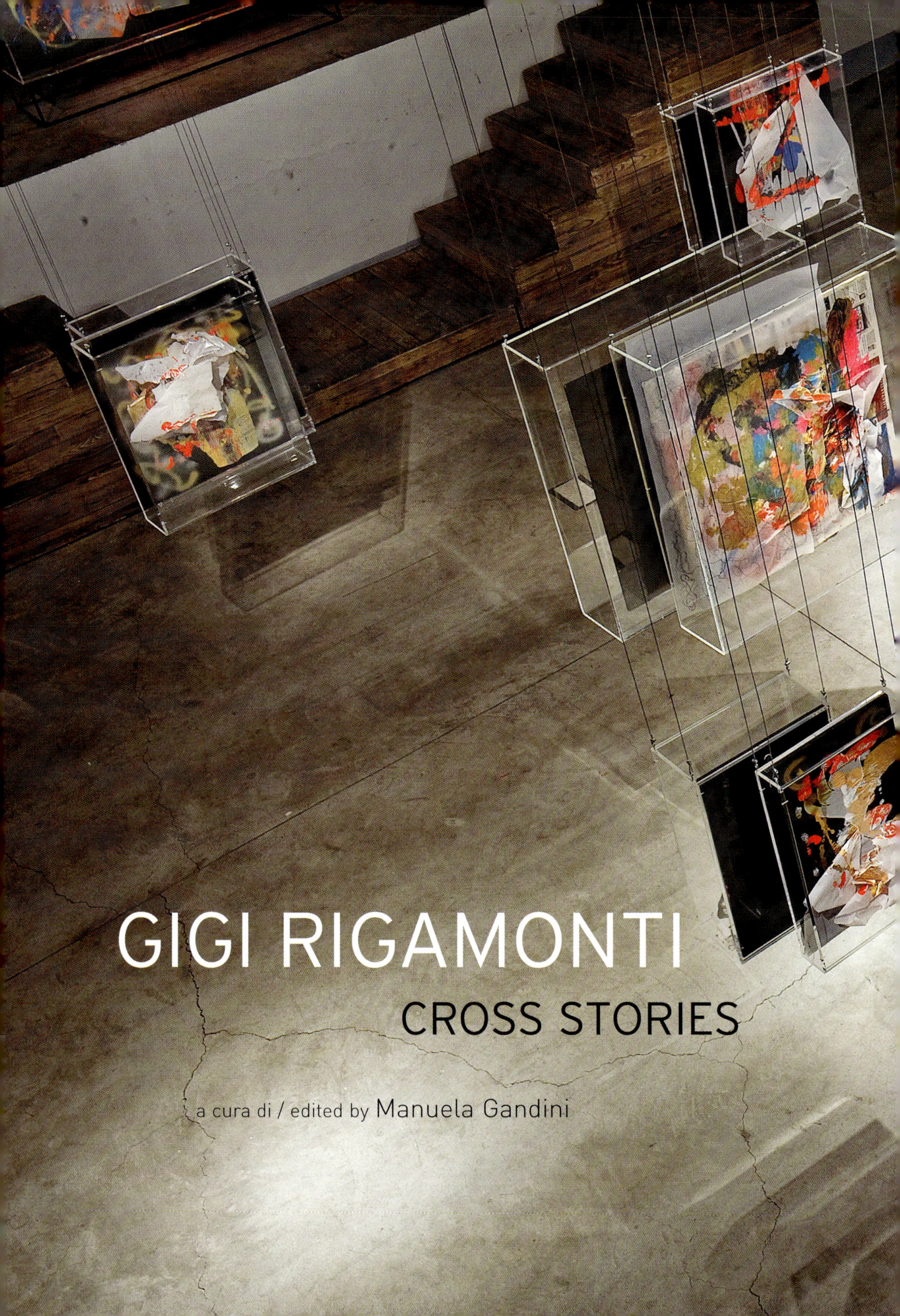
GIGI RIGAMONTI
CROSS STORIES
a cura di / edited by Manuela Gandini

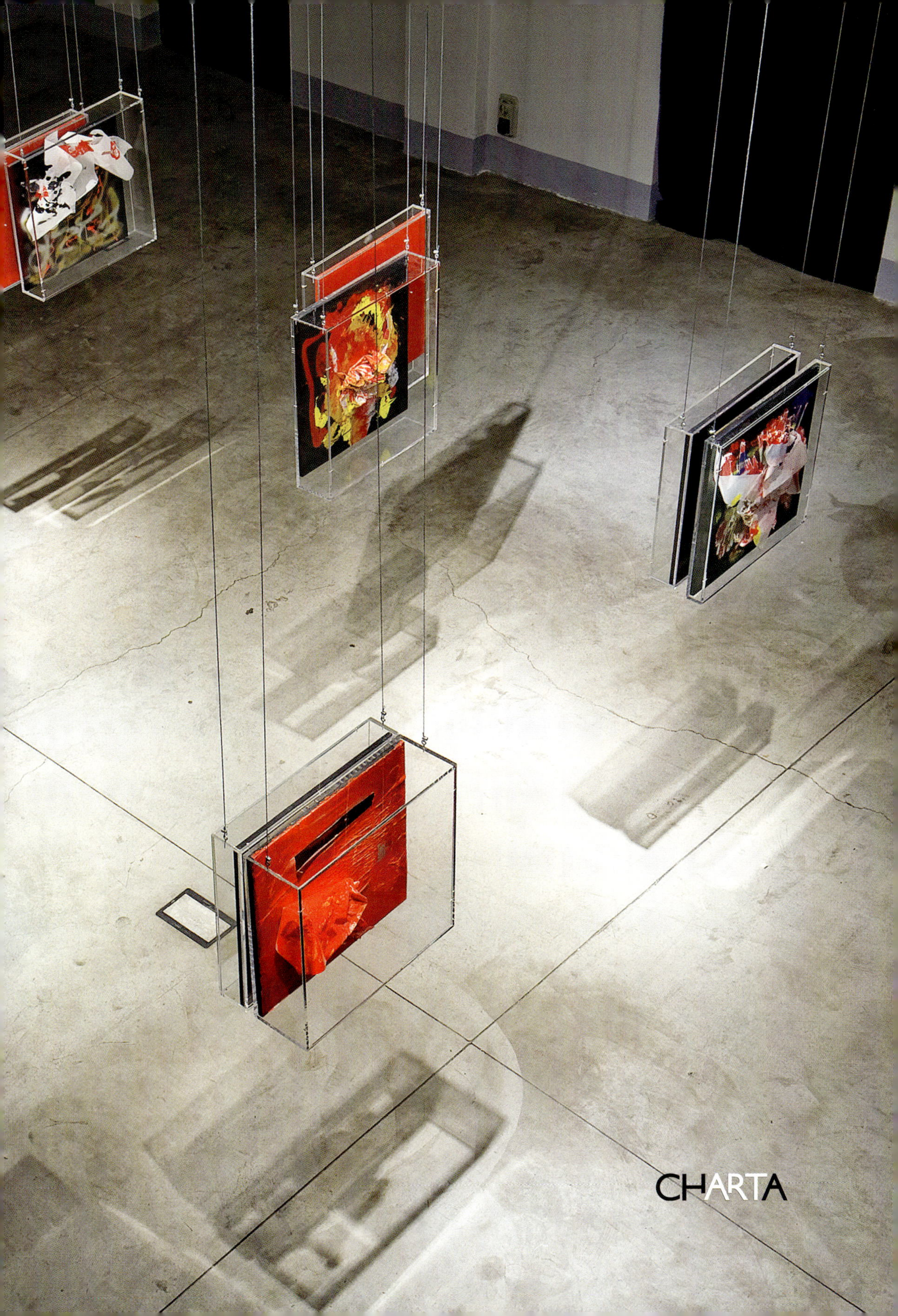

CHARTA

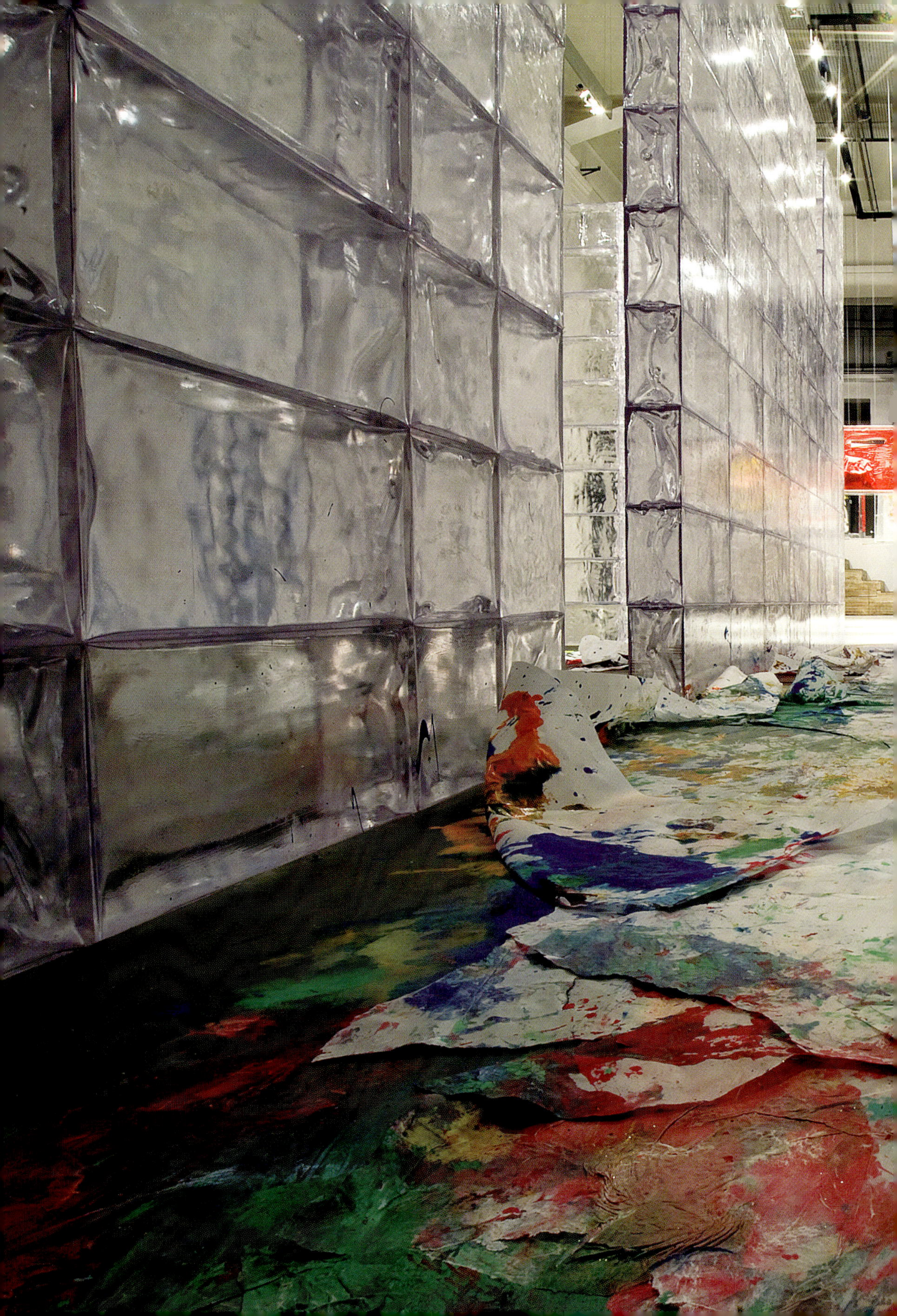

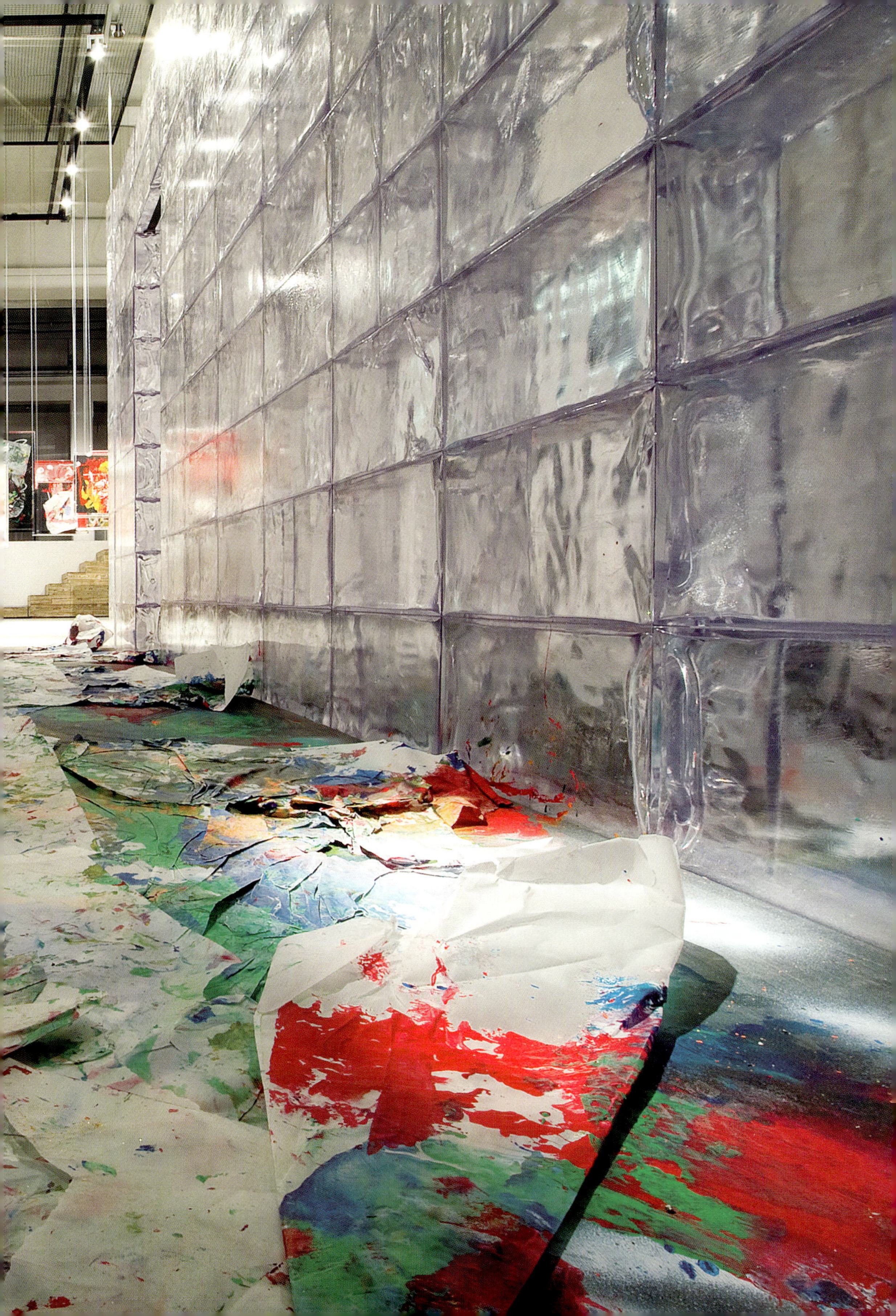

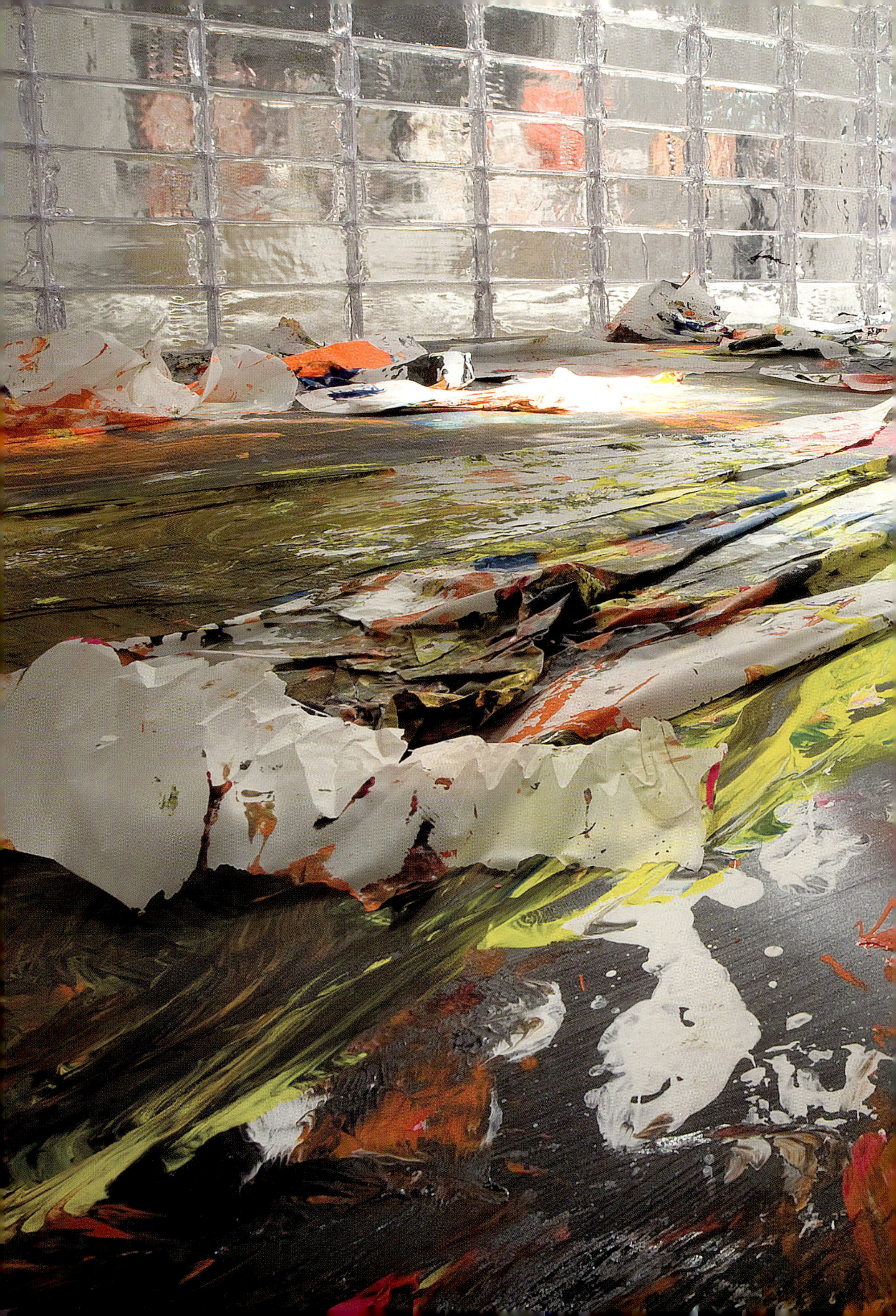

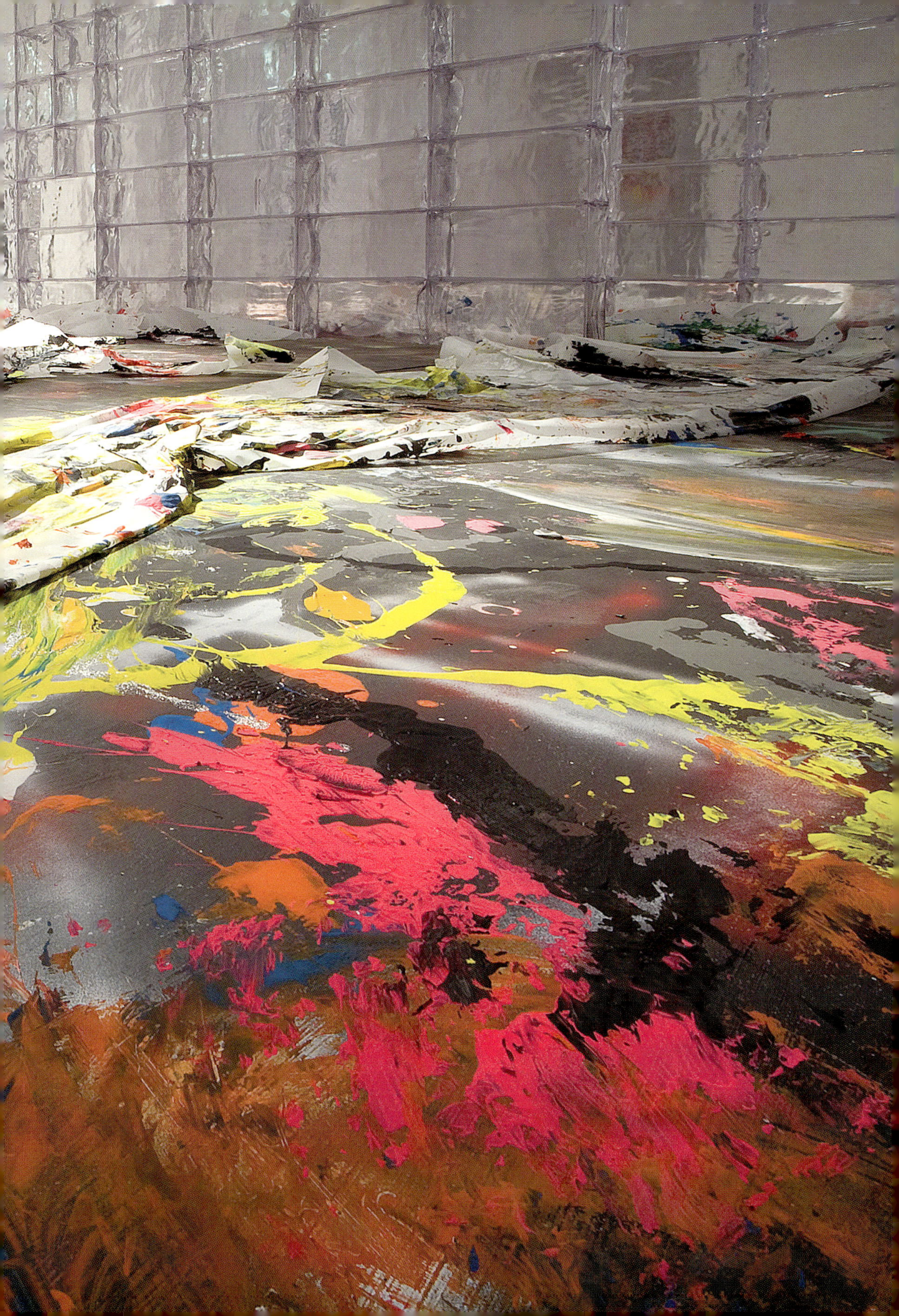

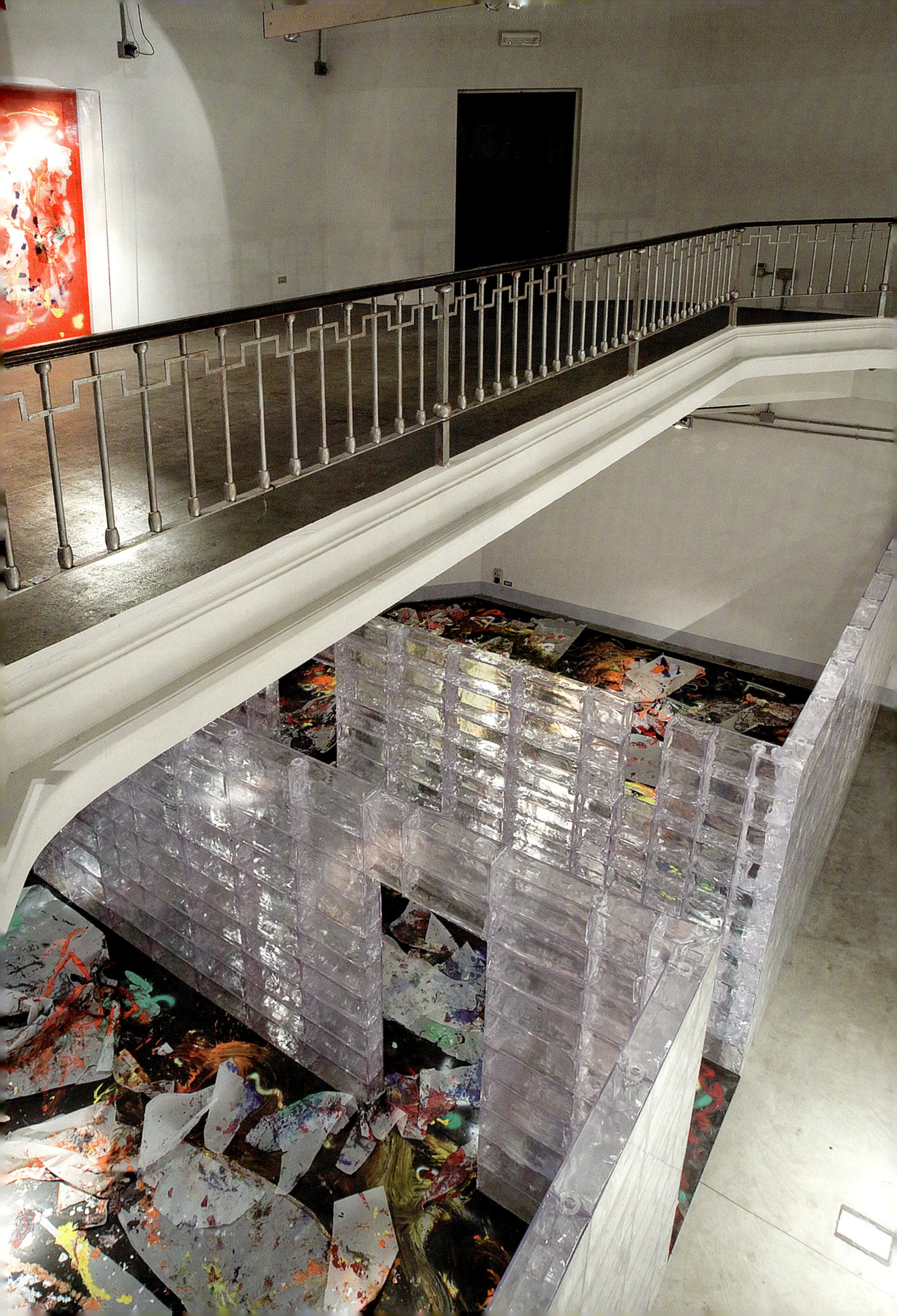

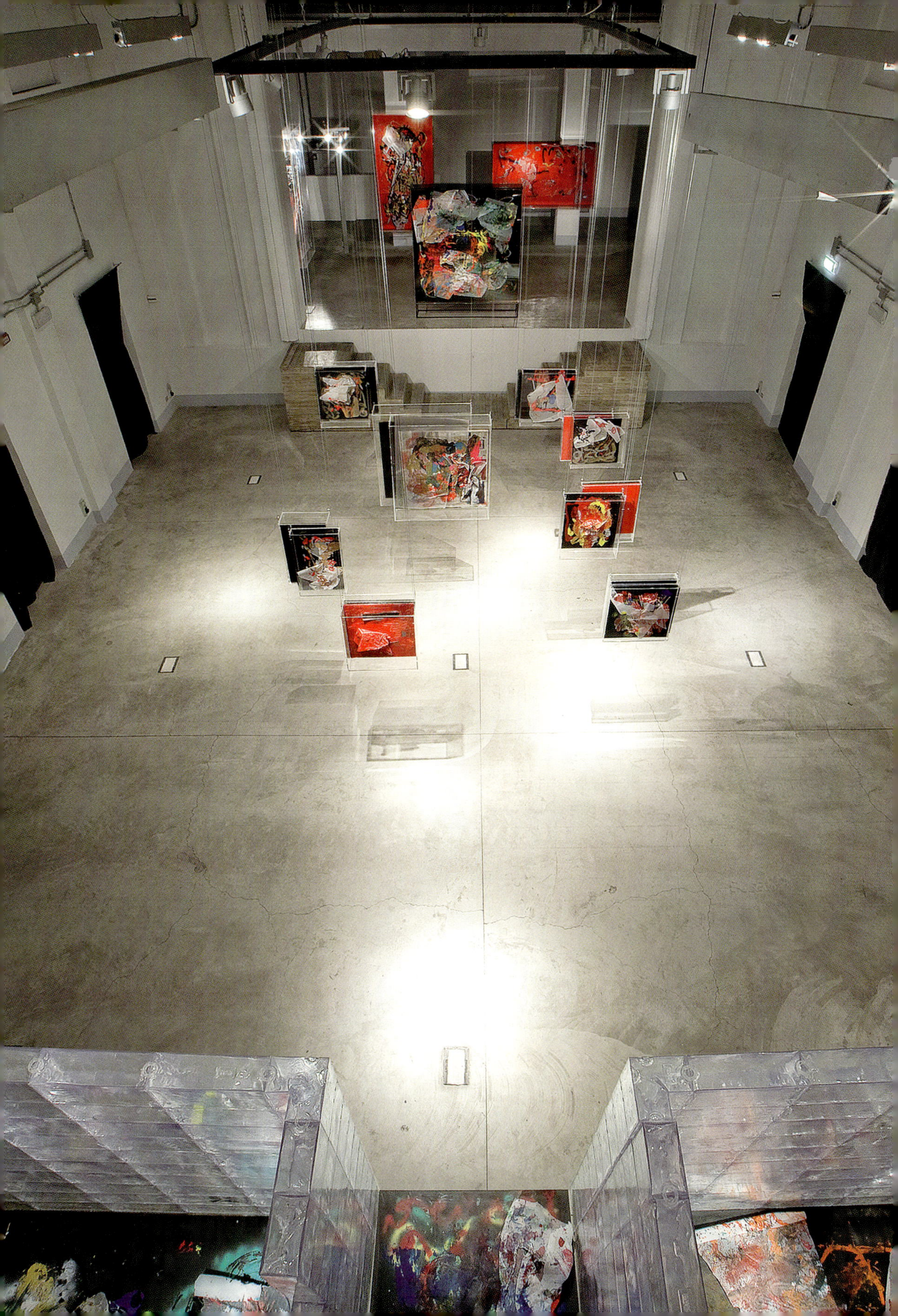

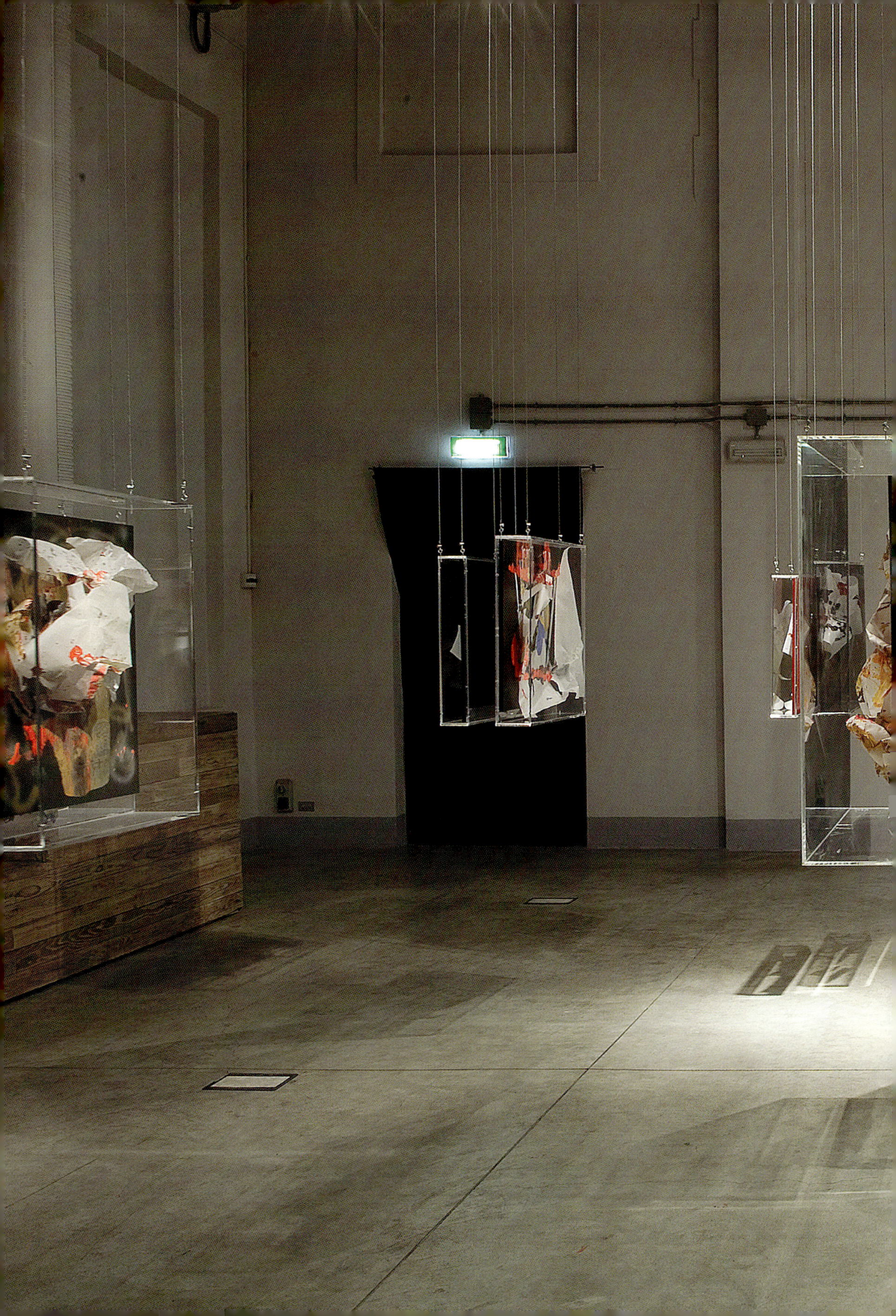

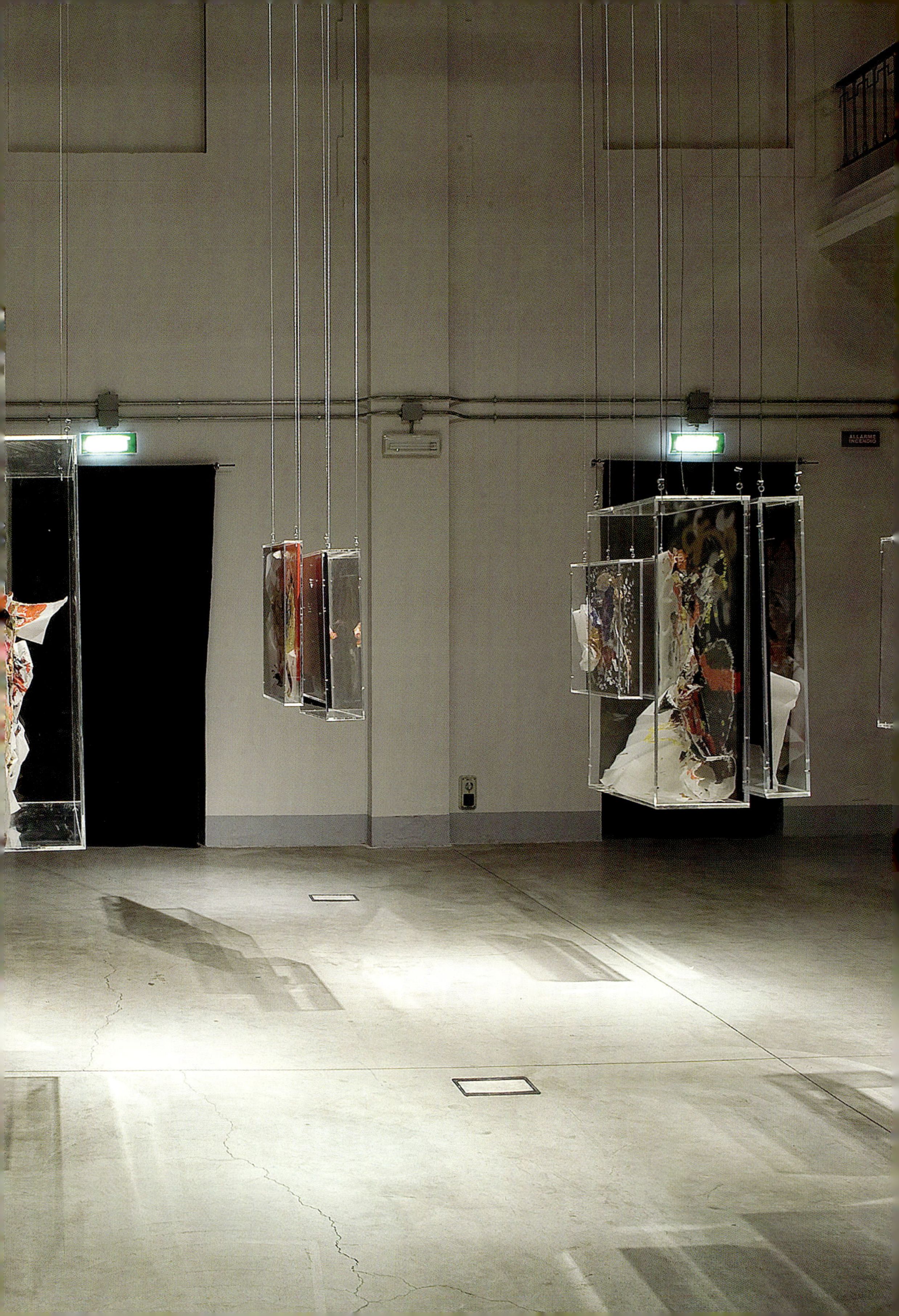

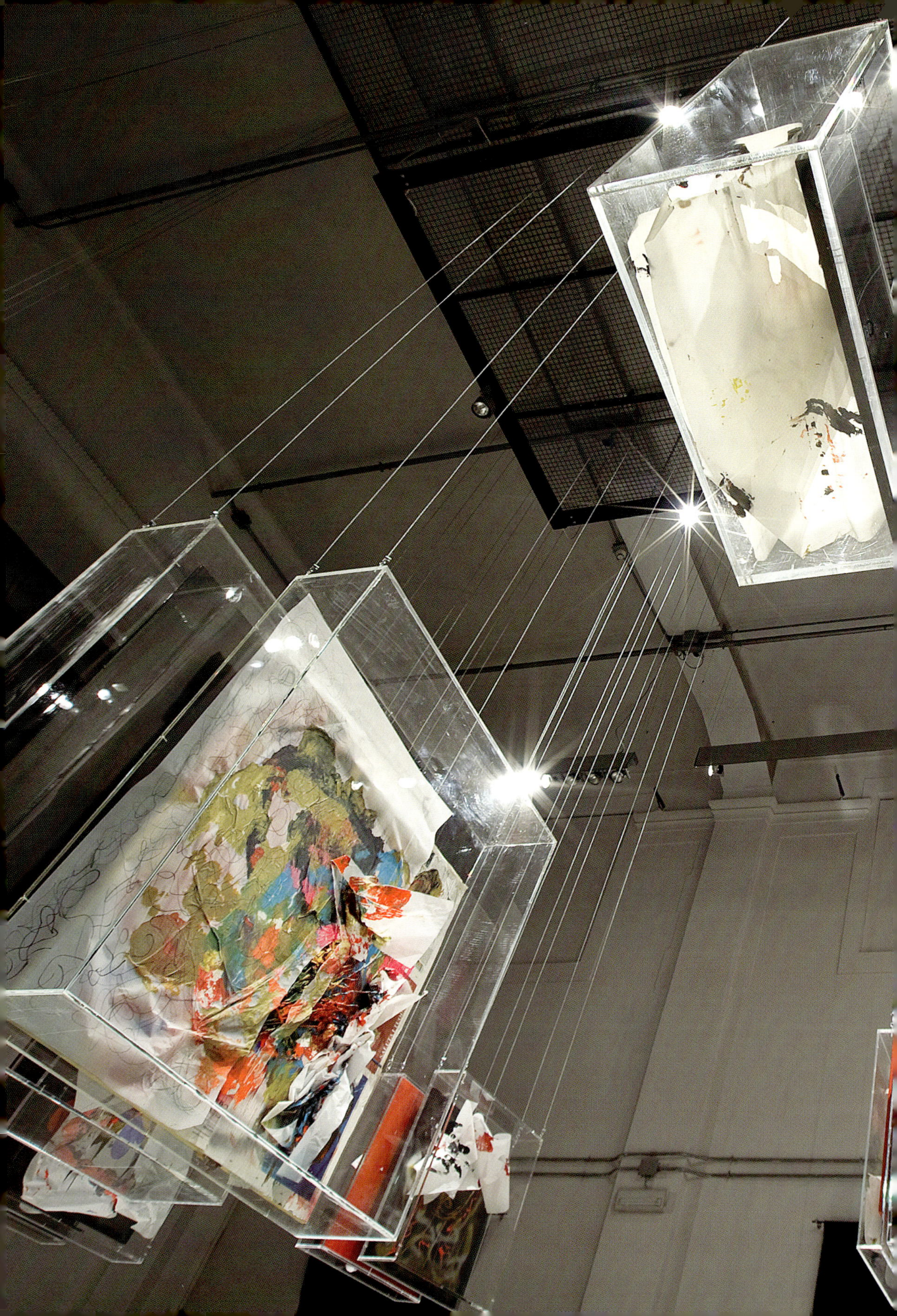

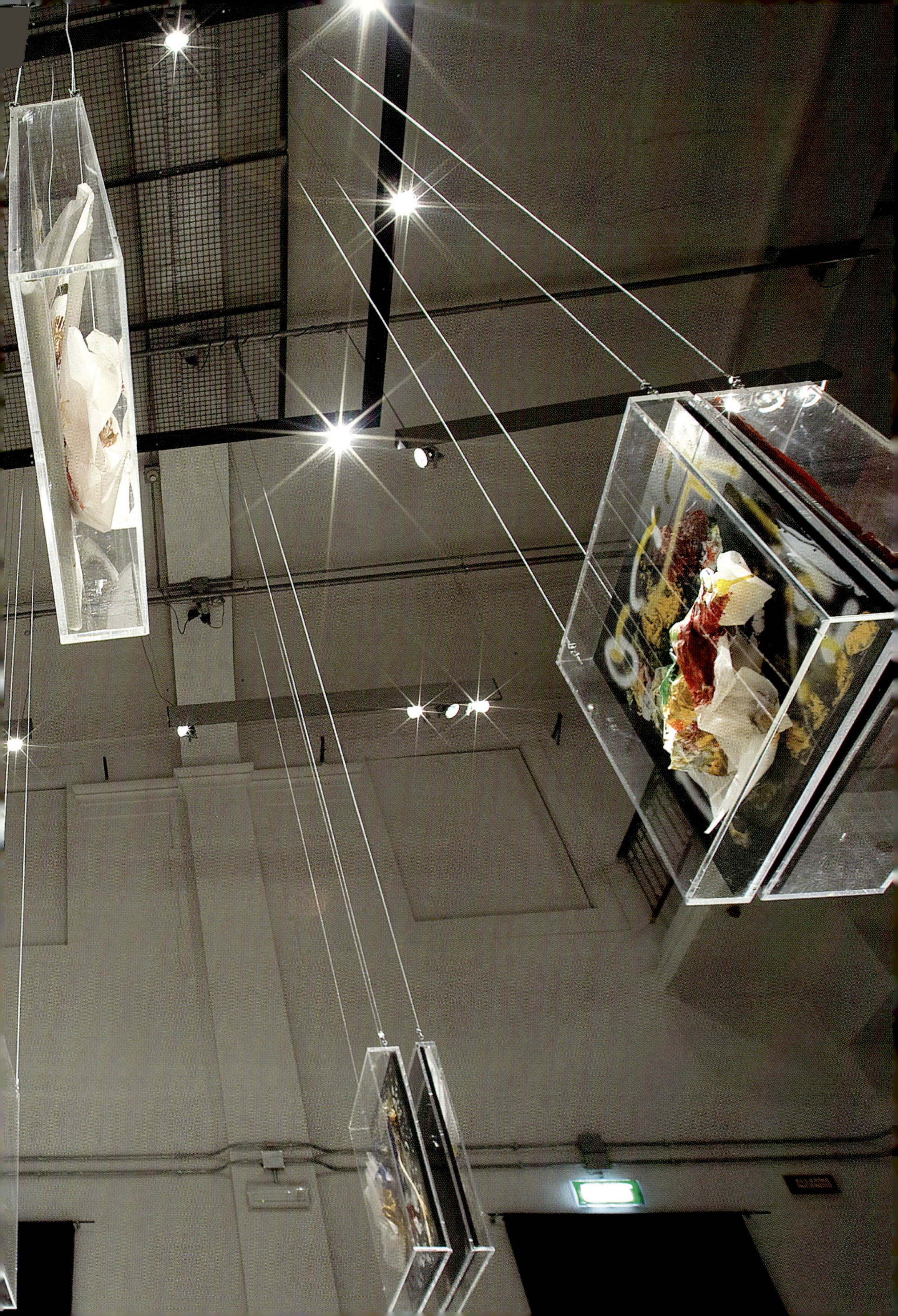

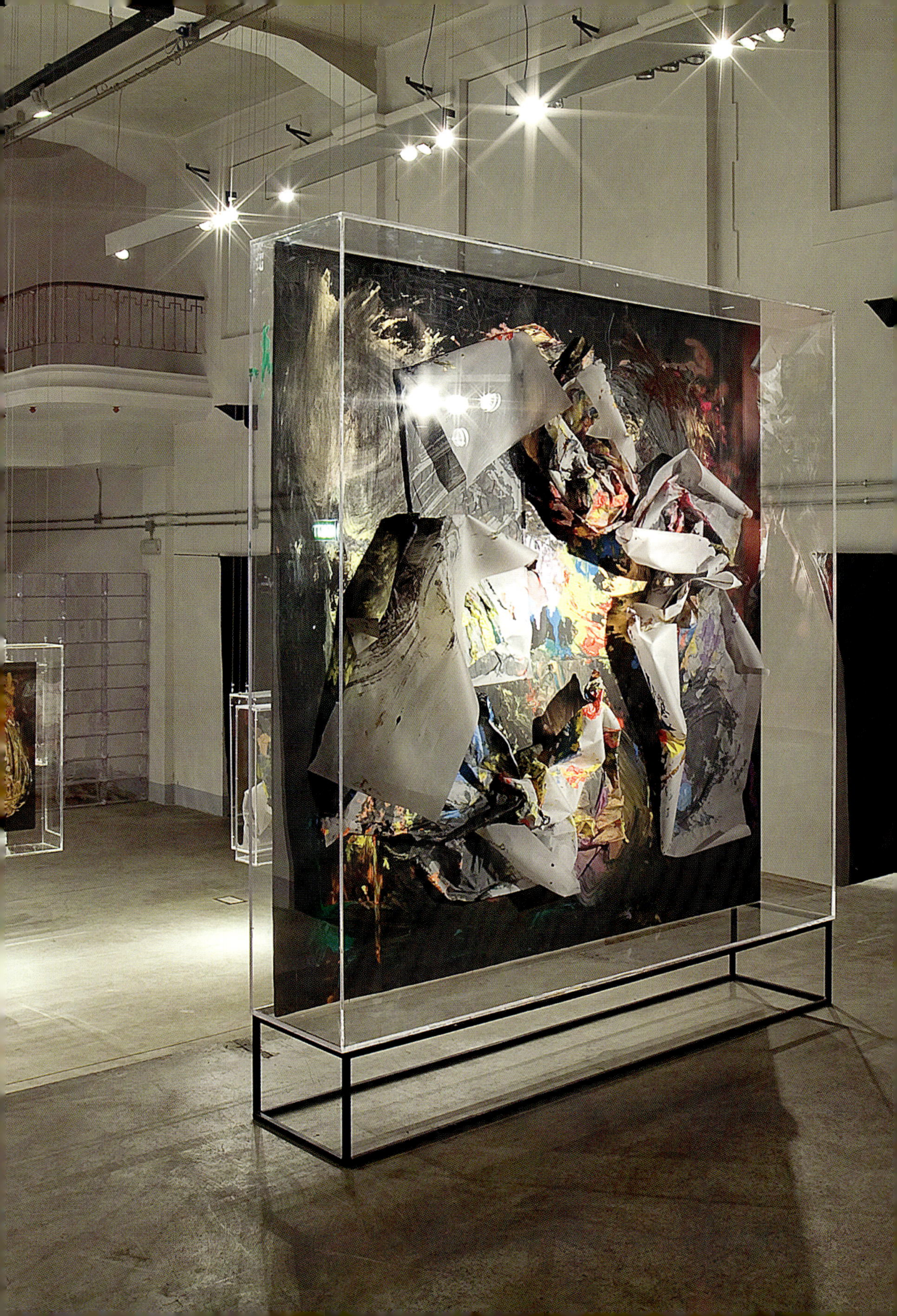

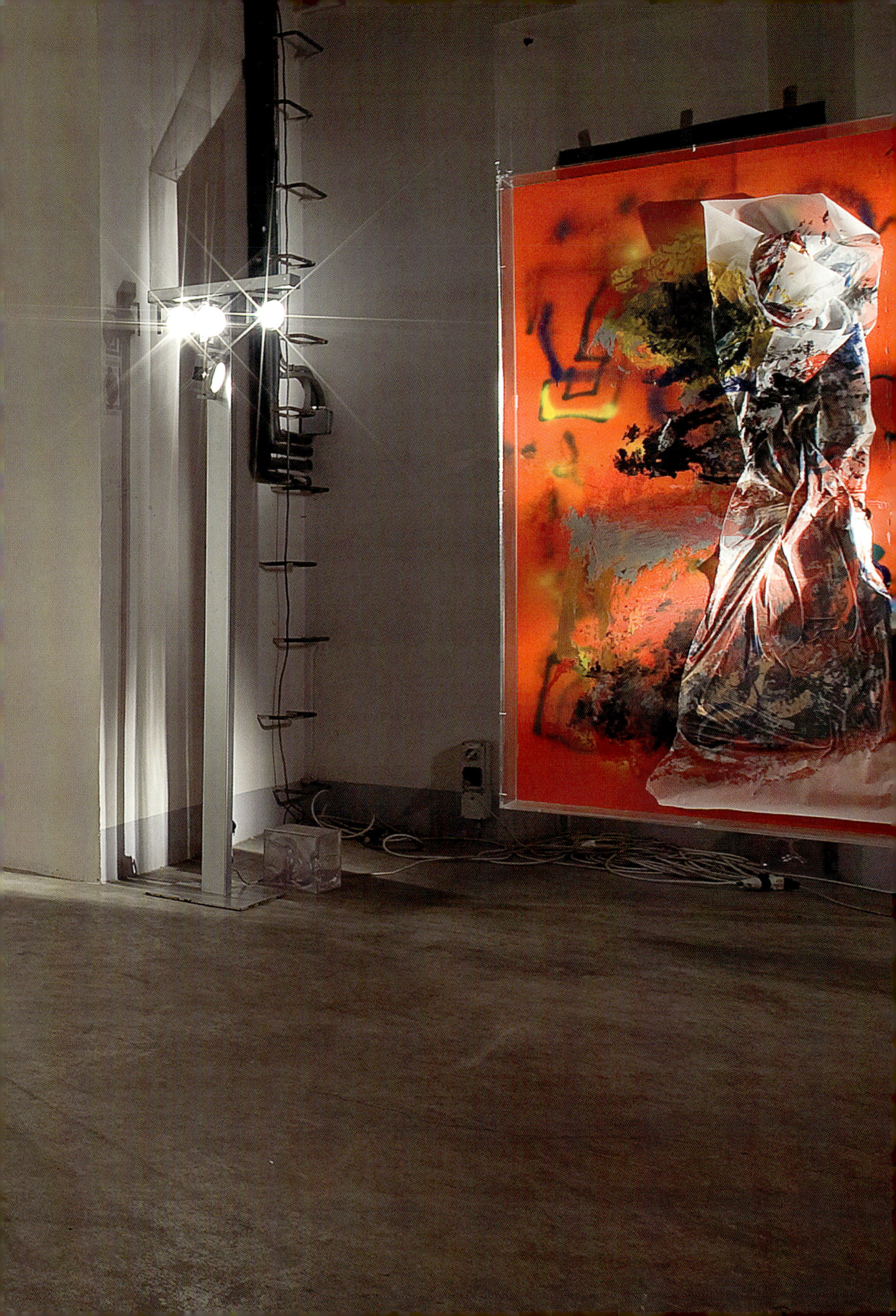

CROSS STORIES

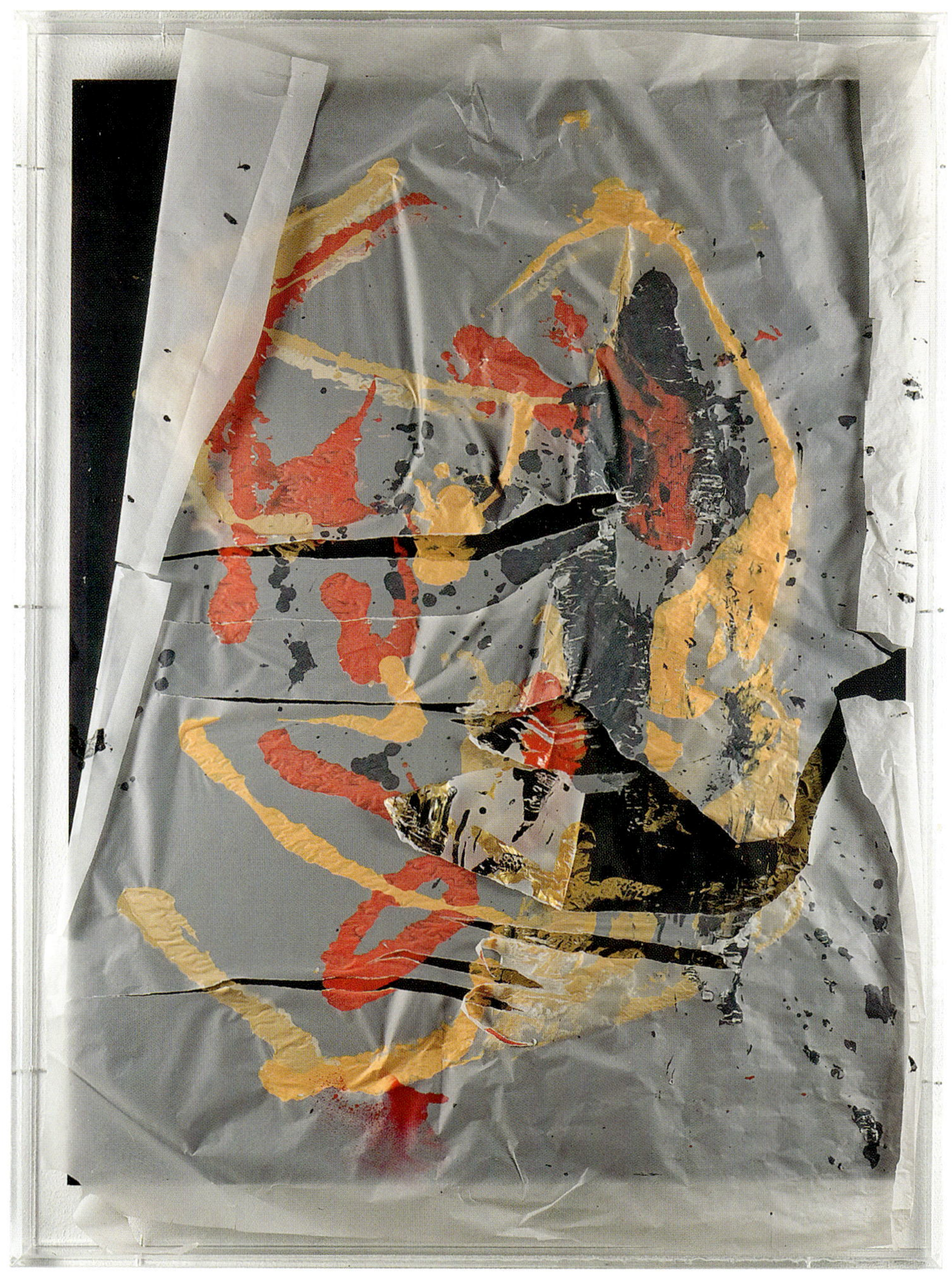

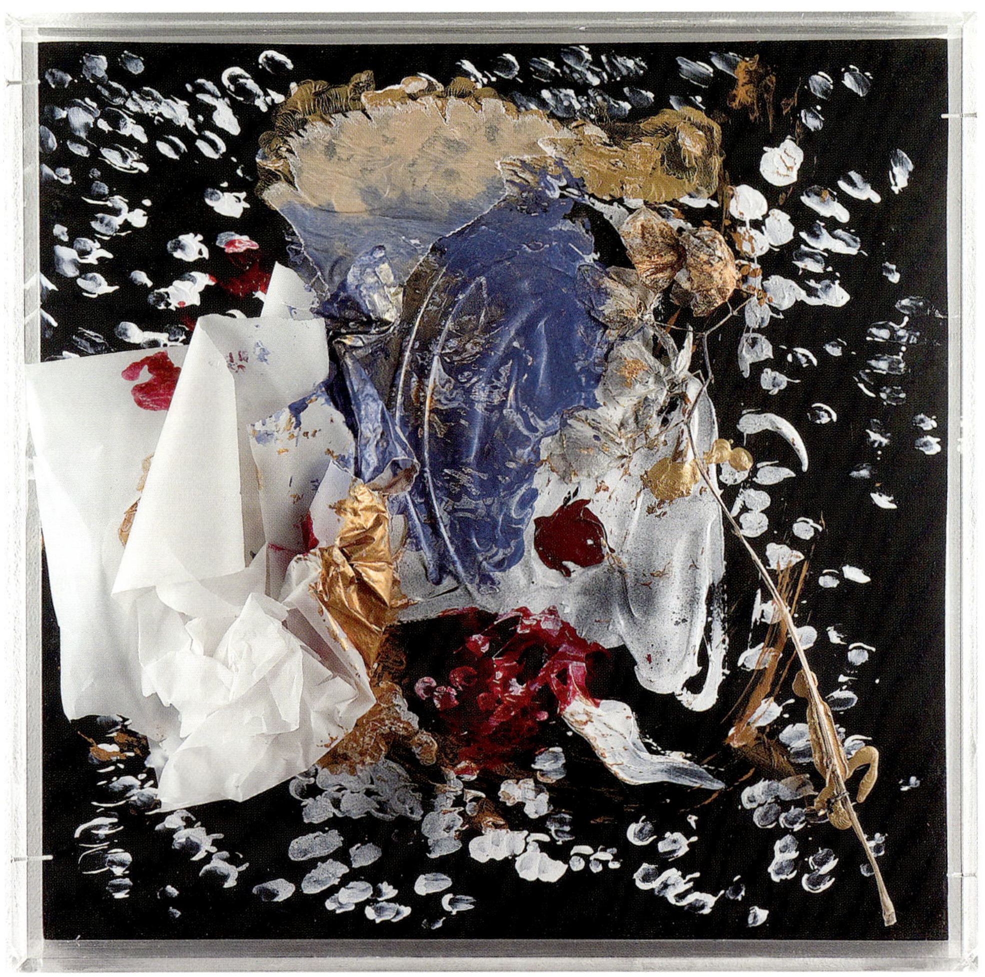

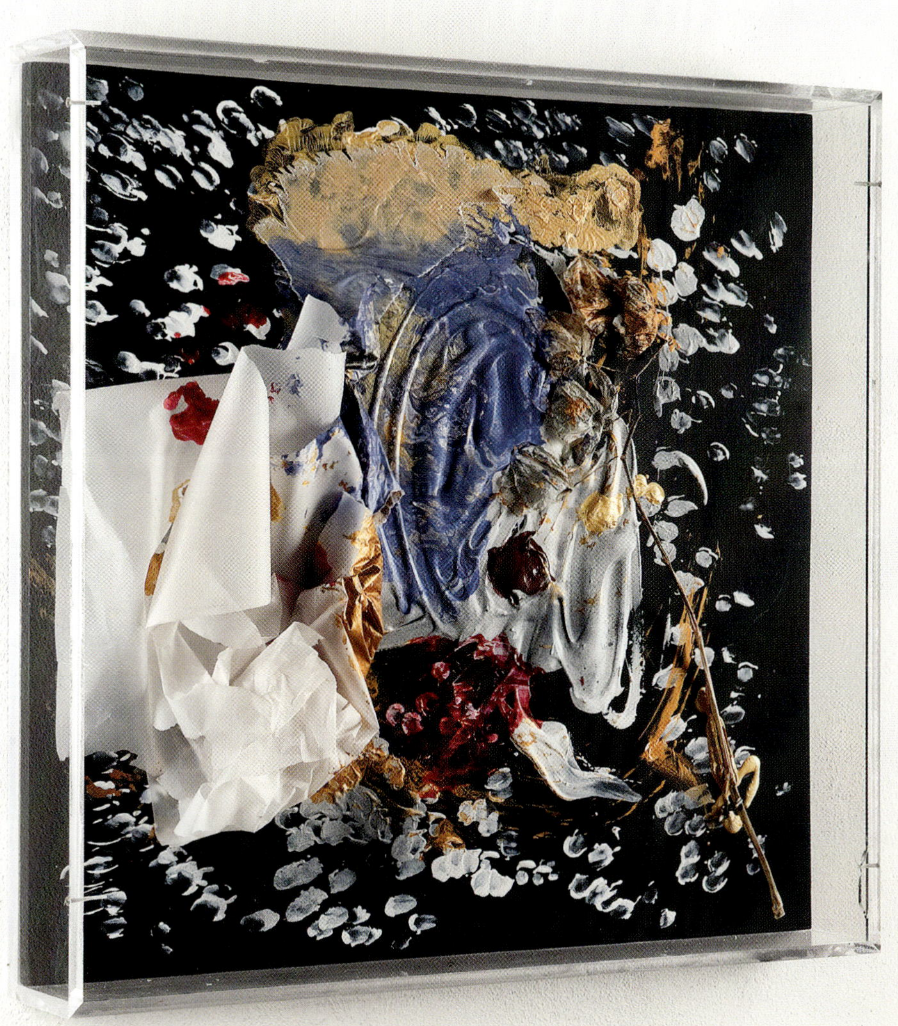

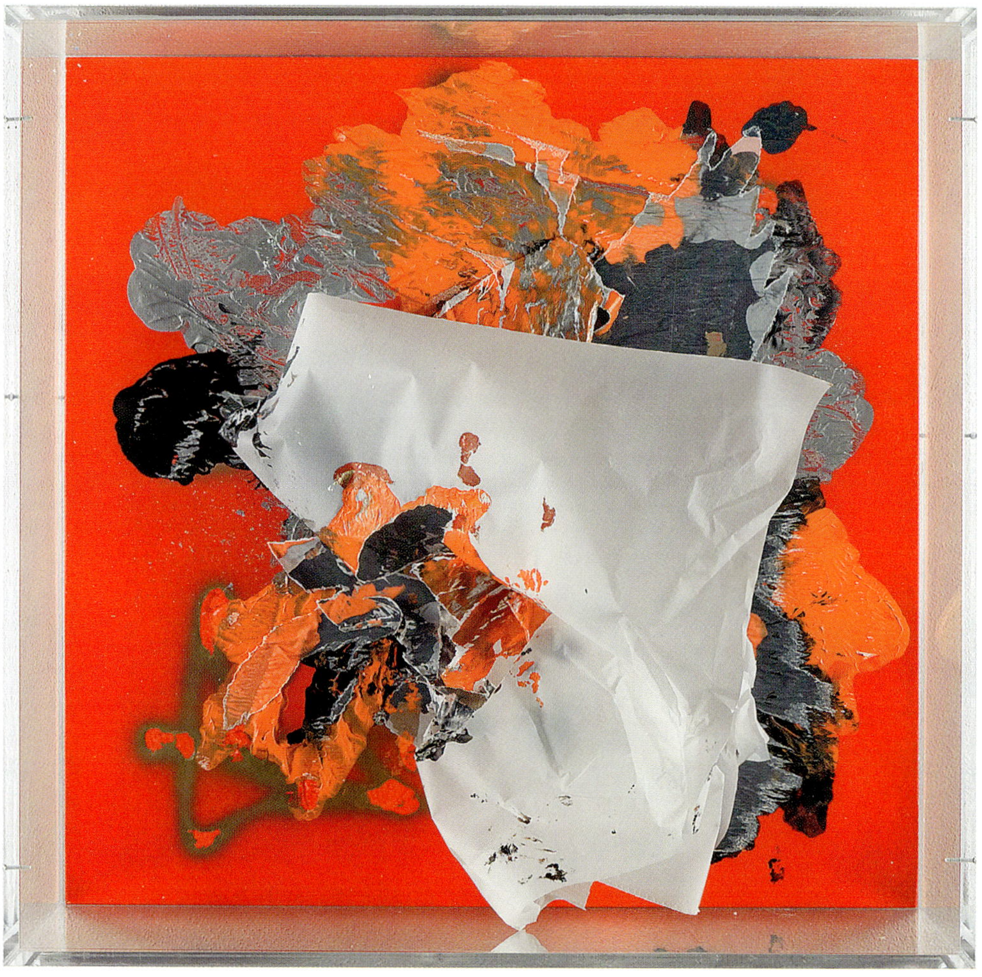

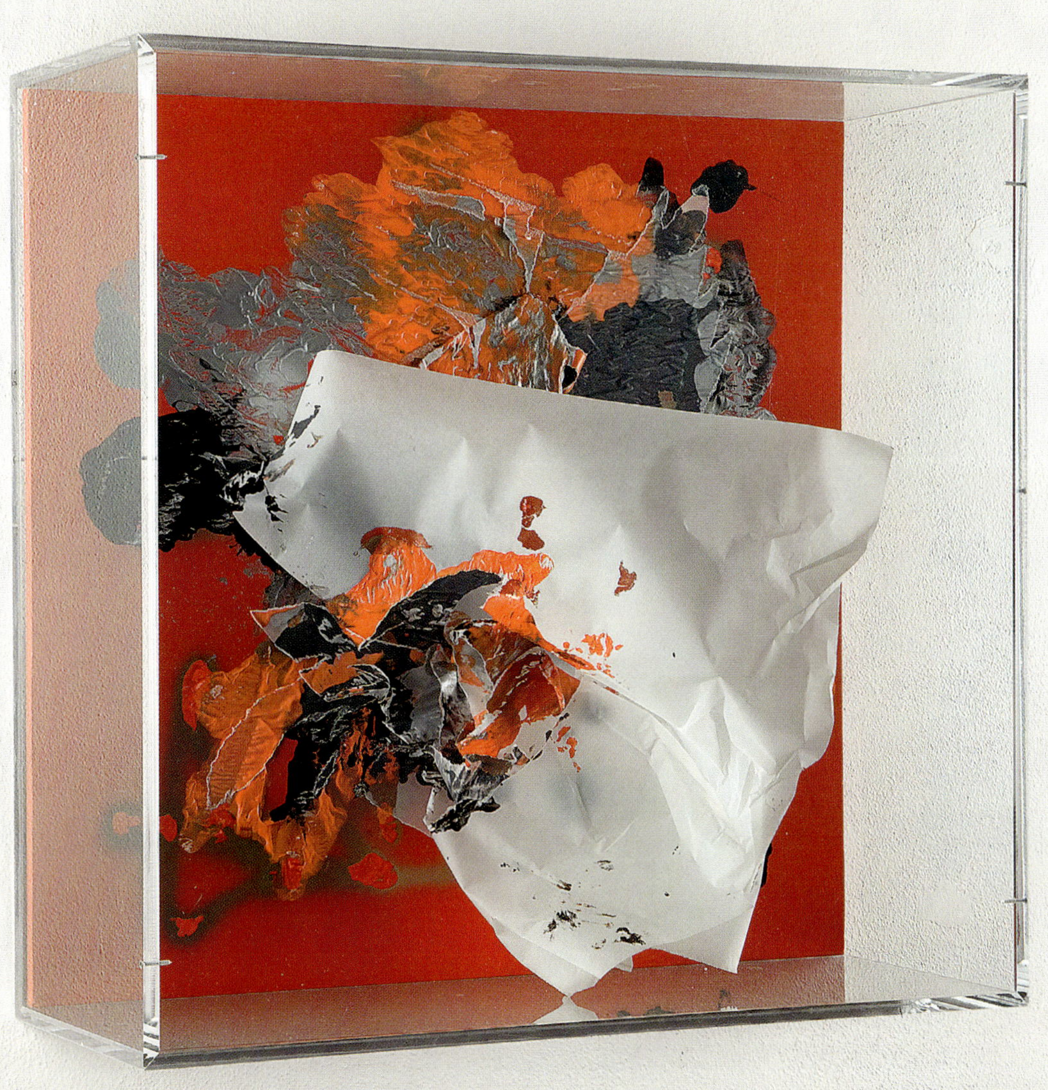

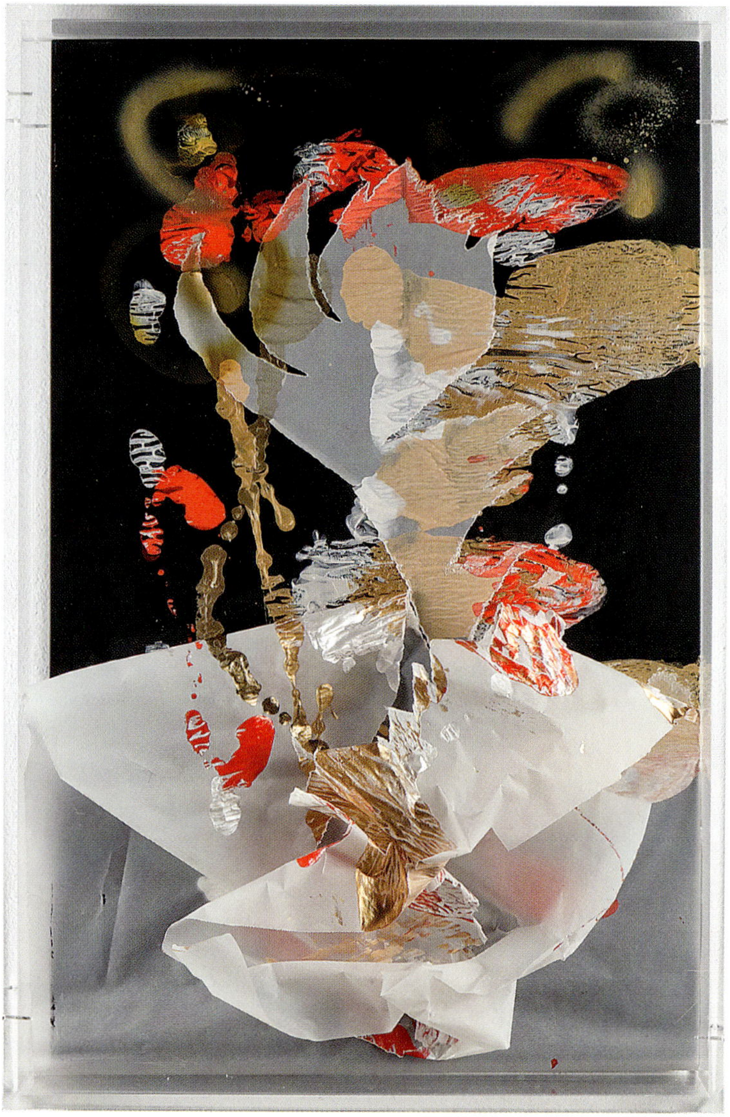

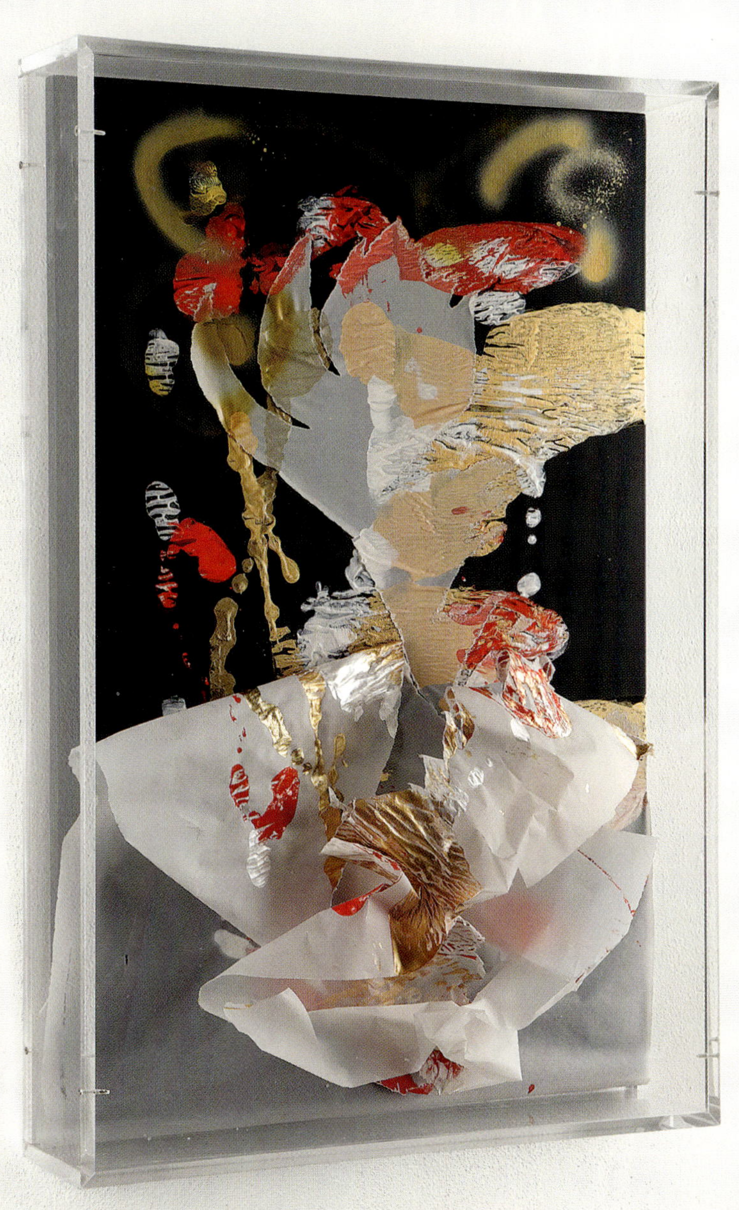

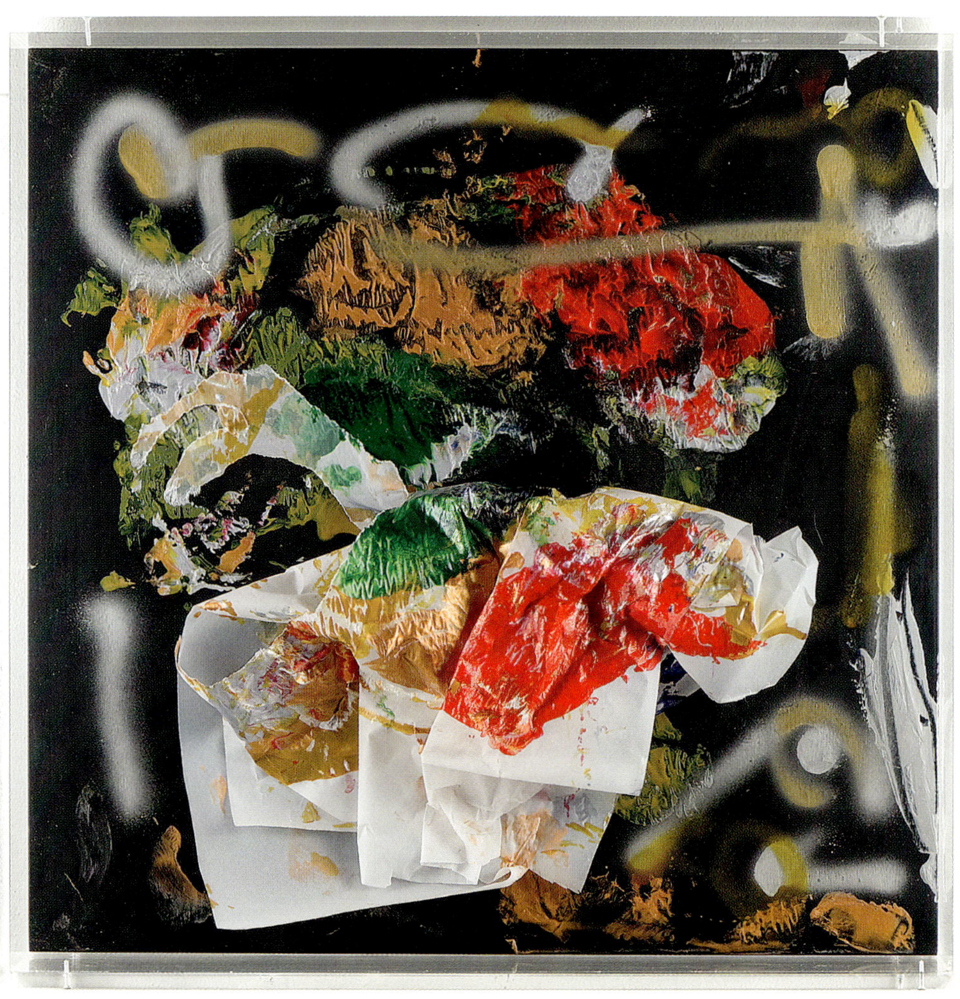

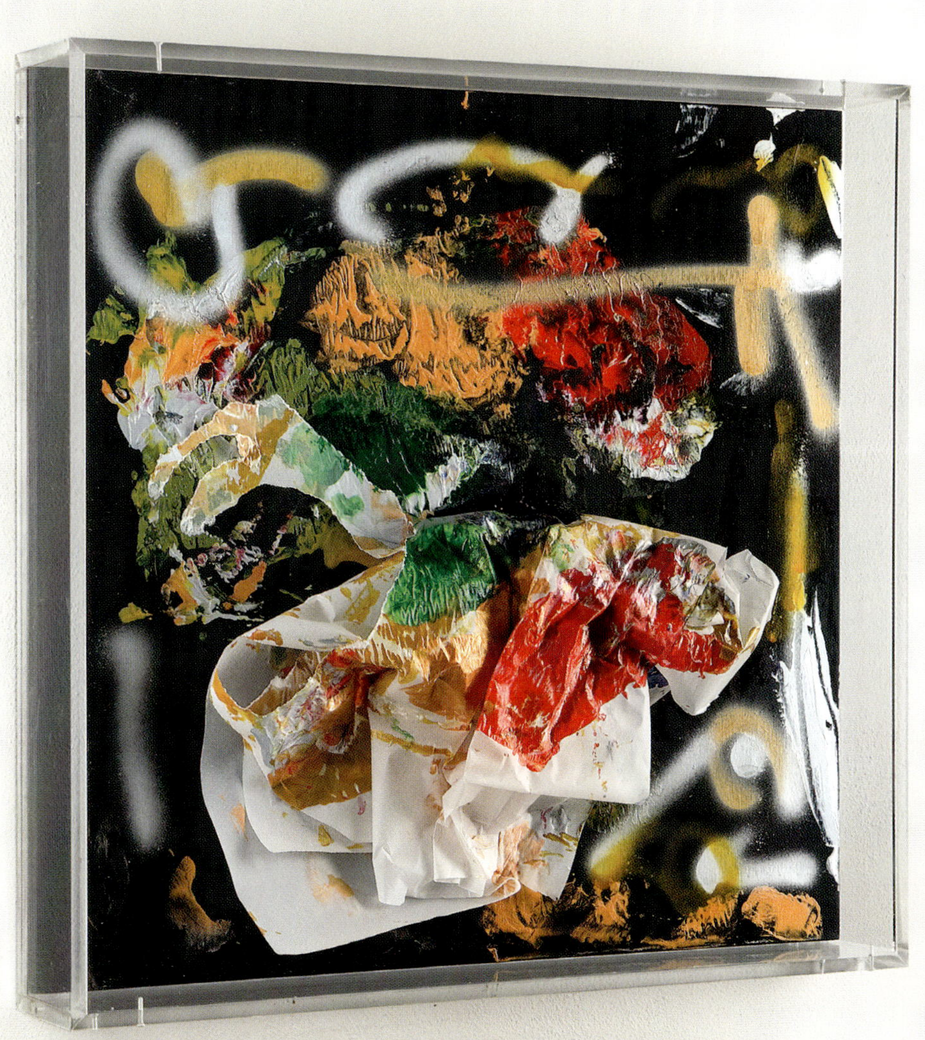

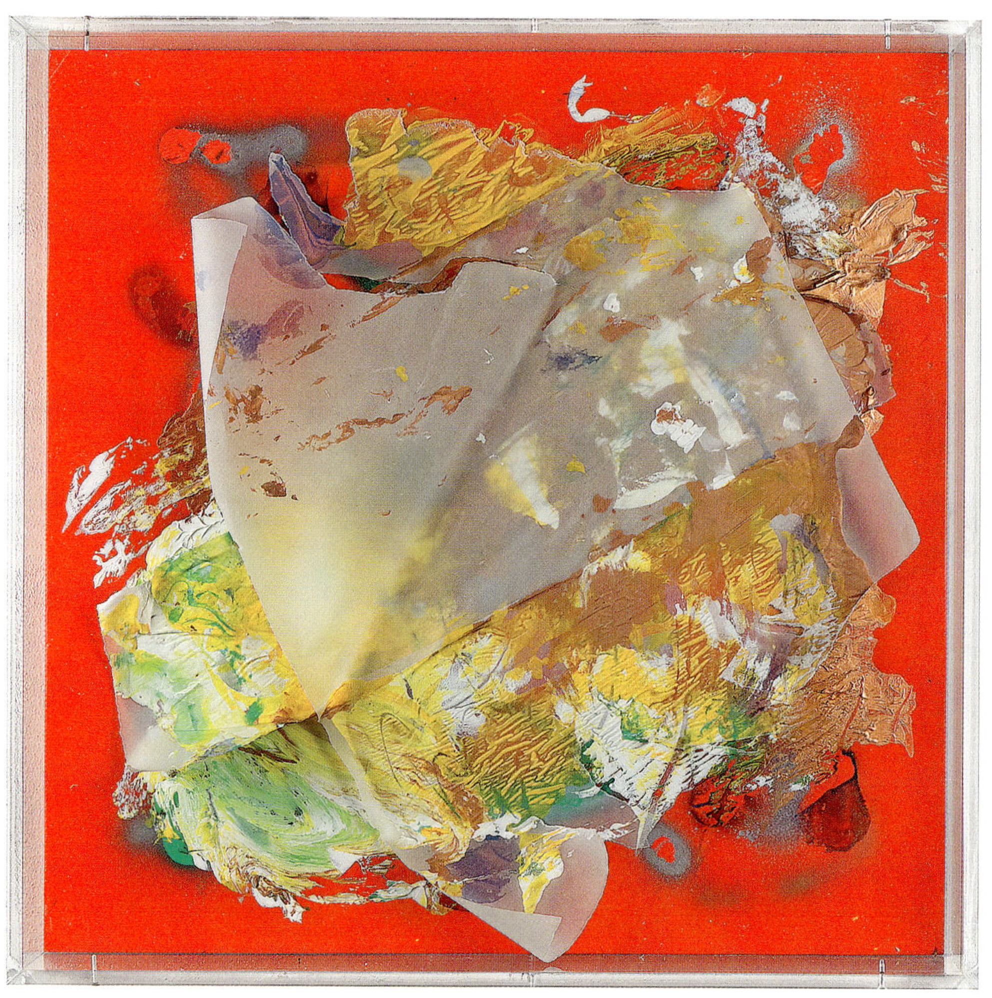

Storia 7, 2008

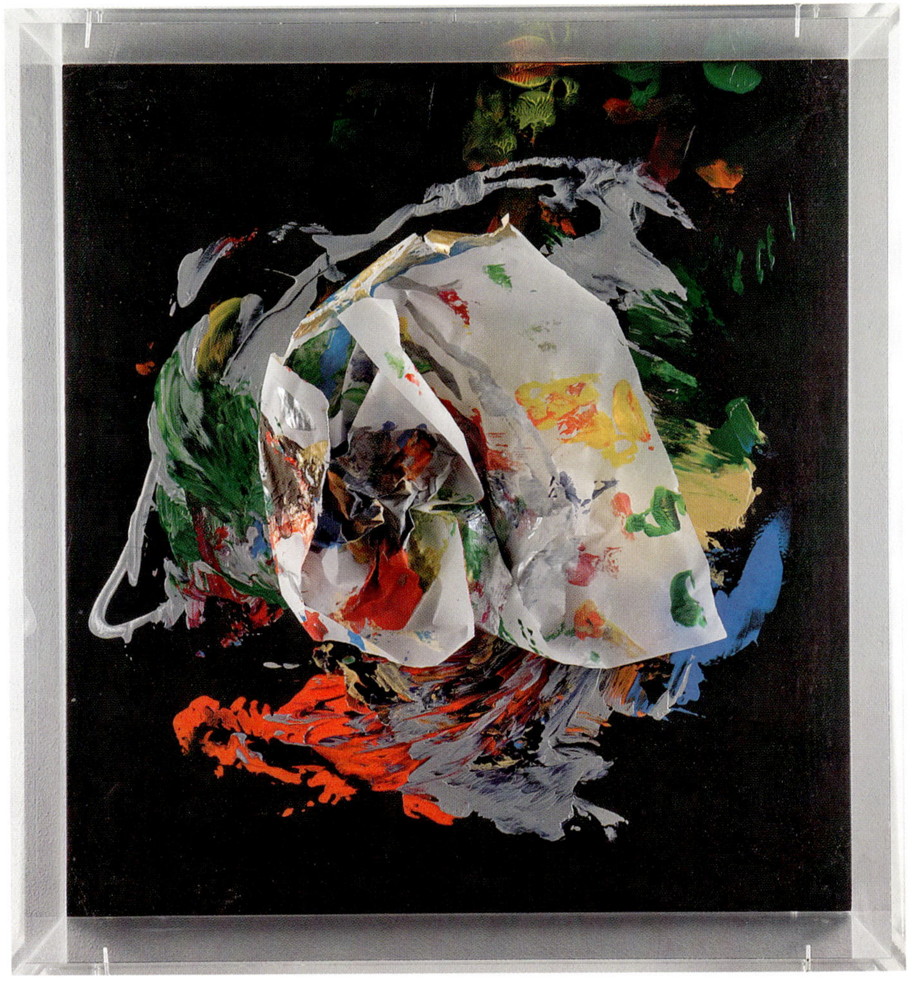

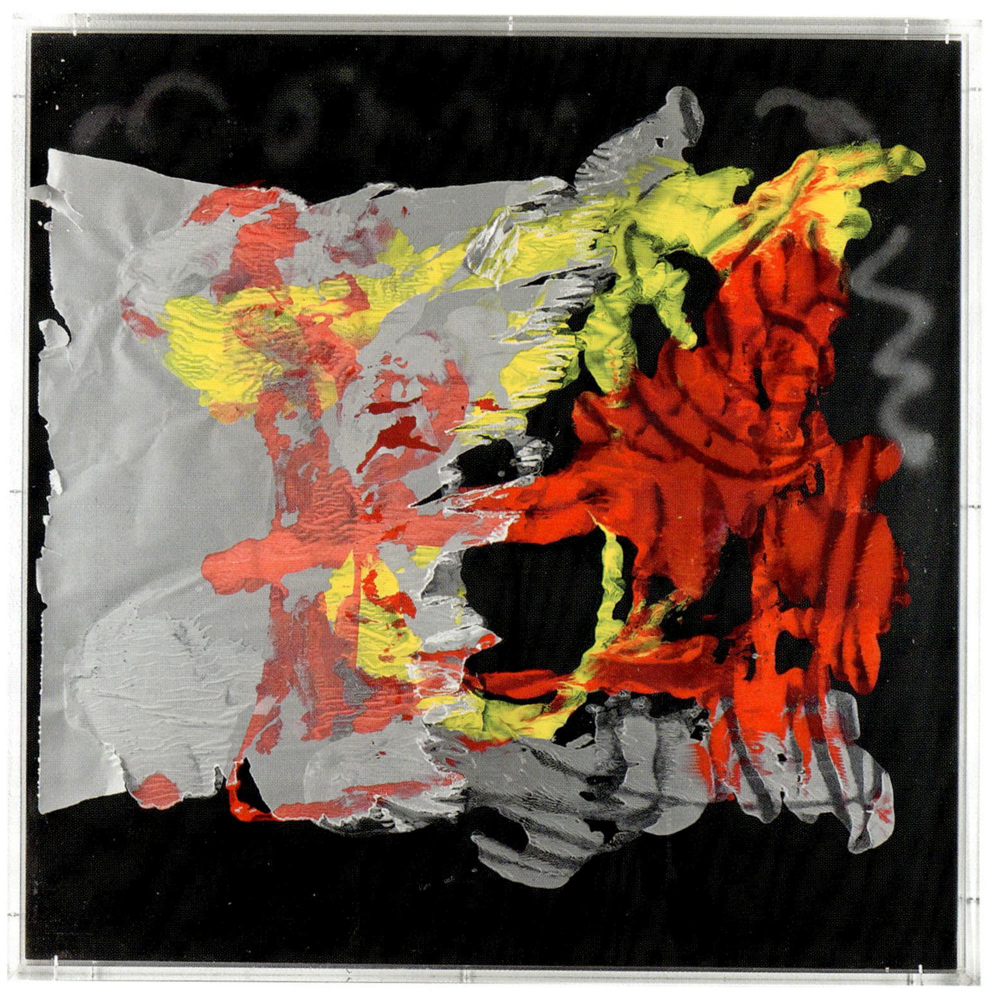

Storia 9, 2008

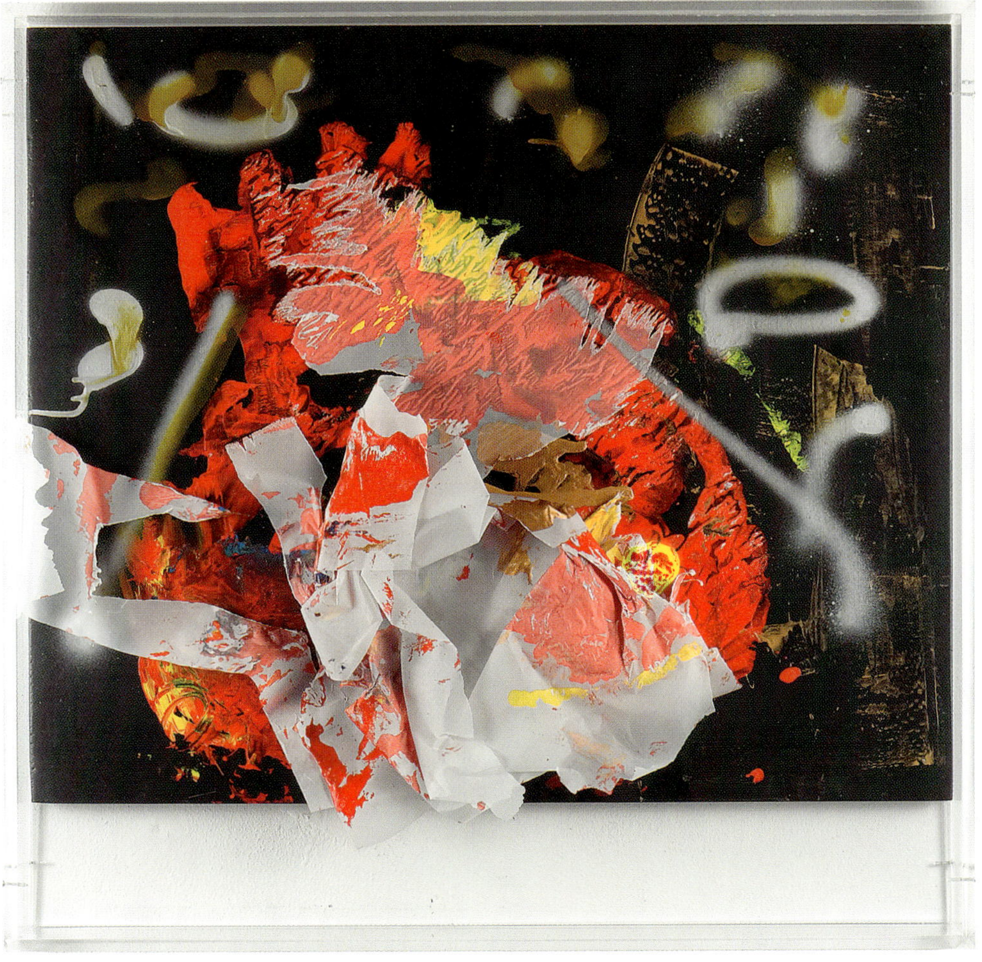

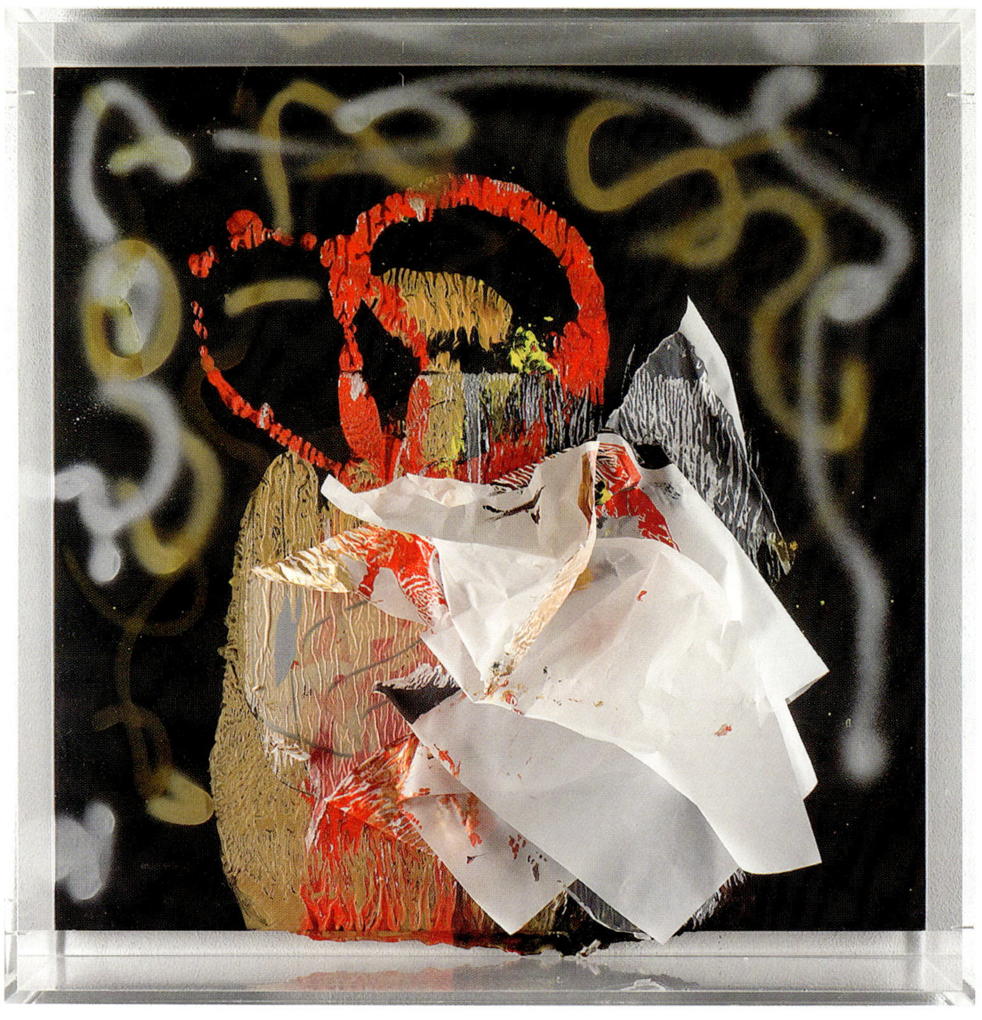

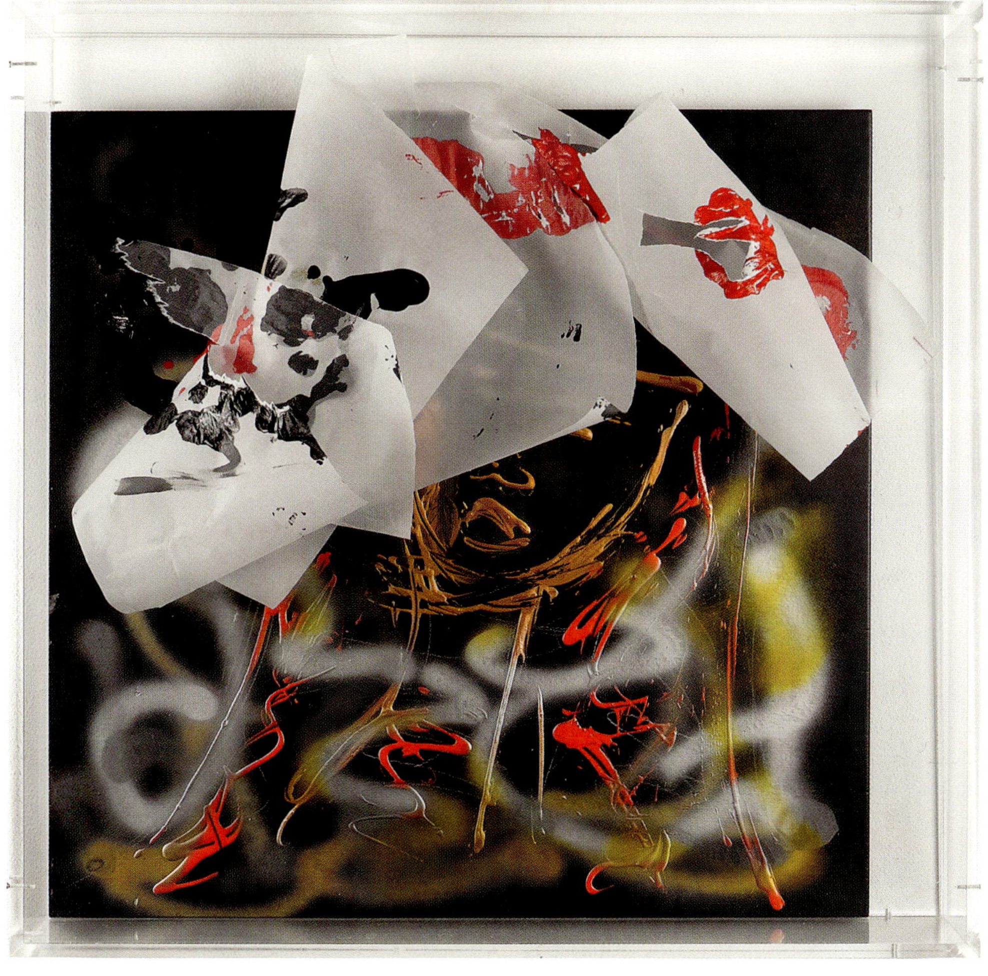

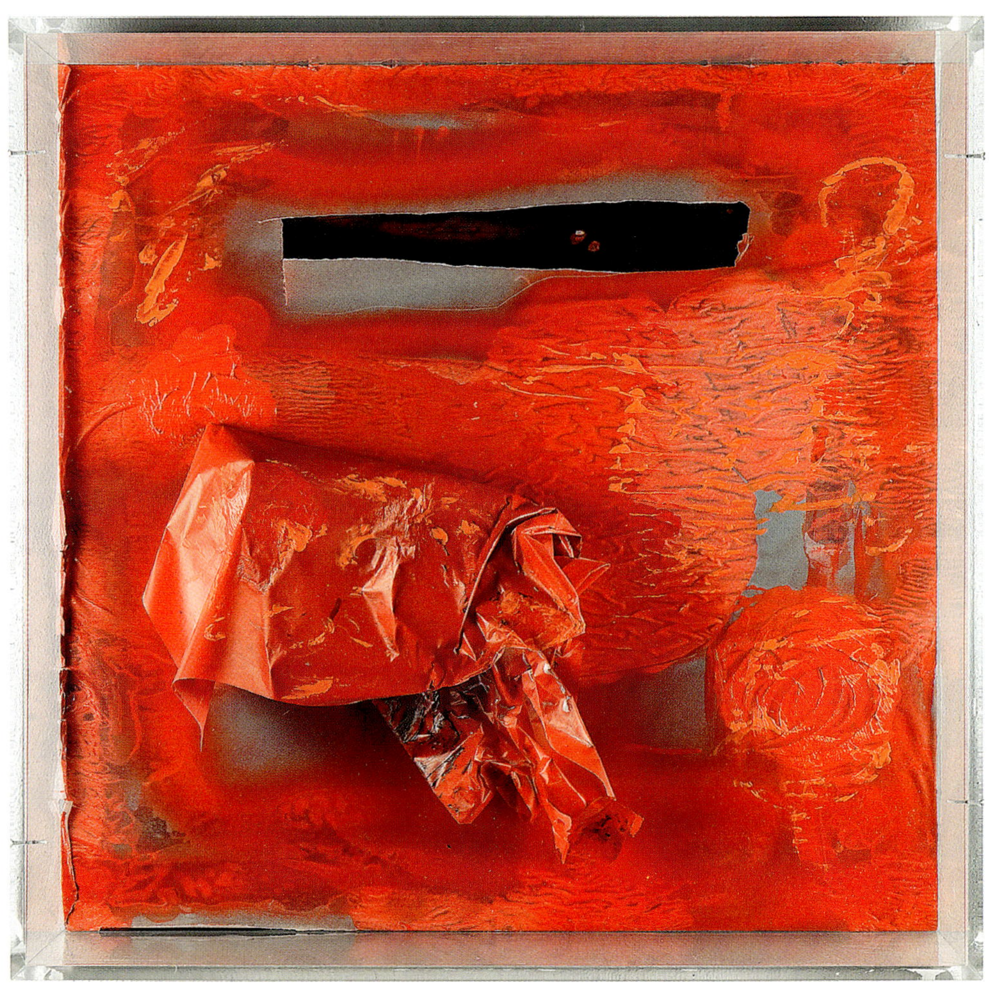

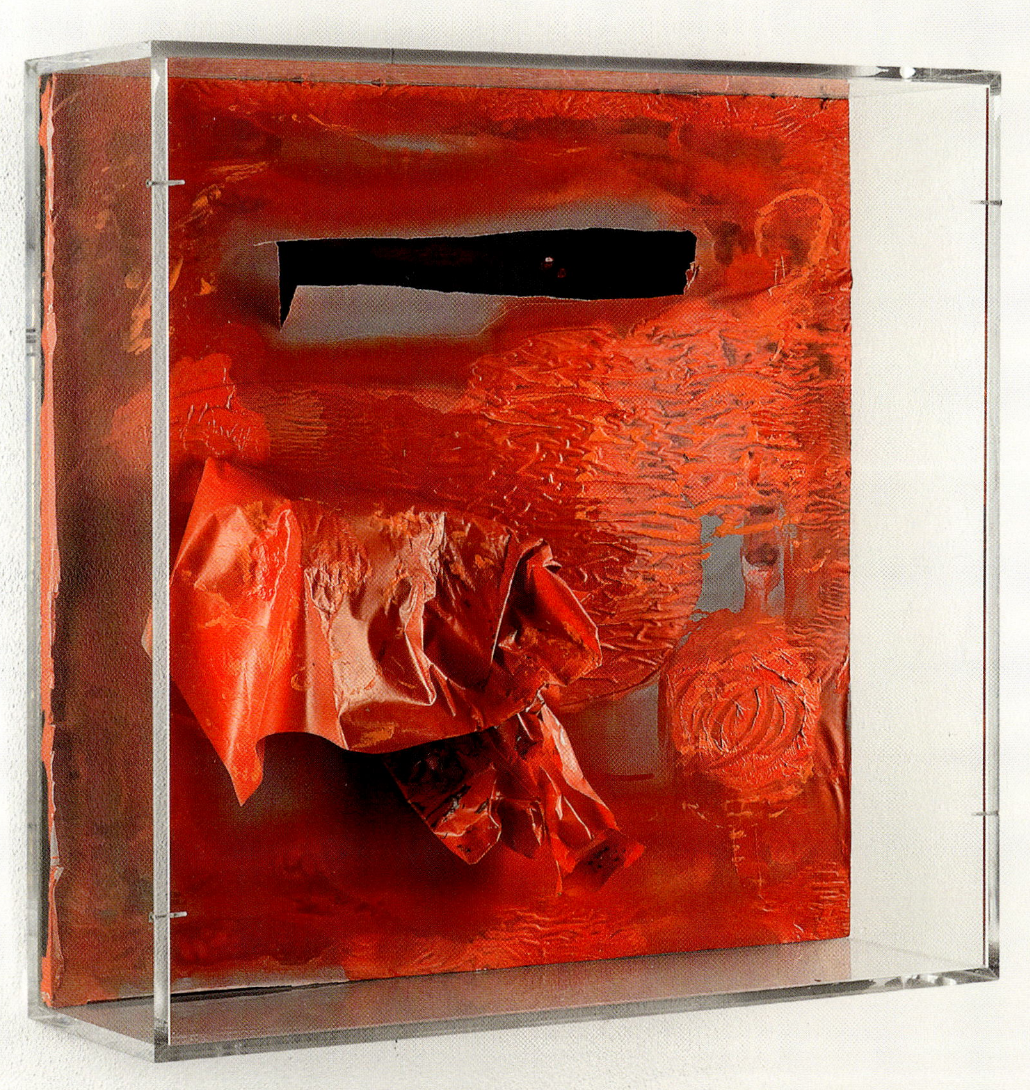

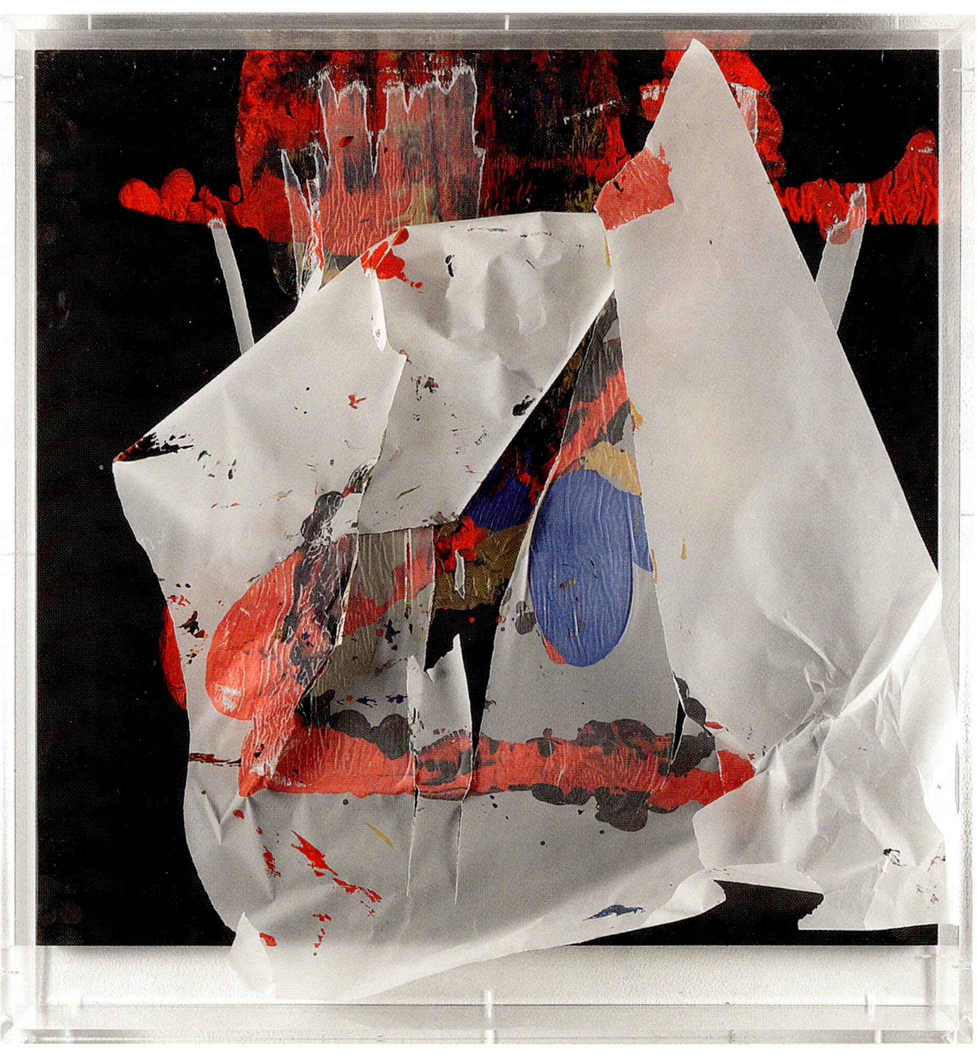

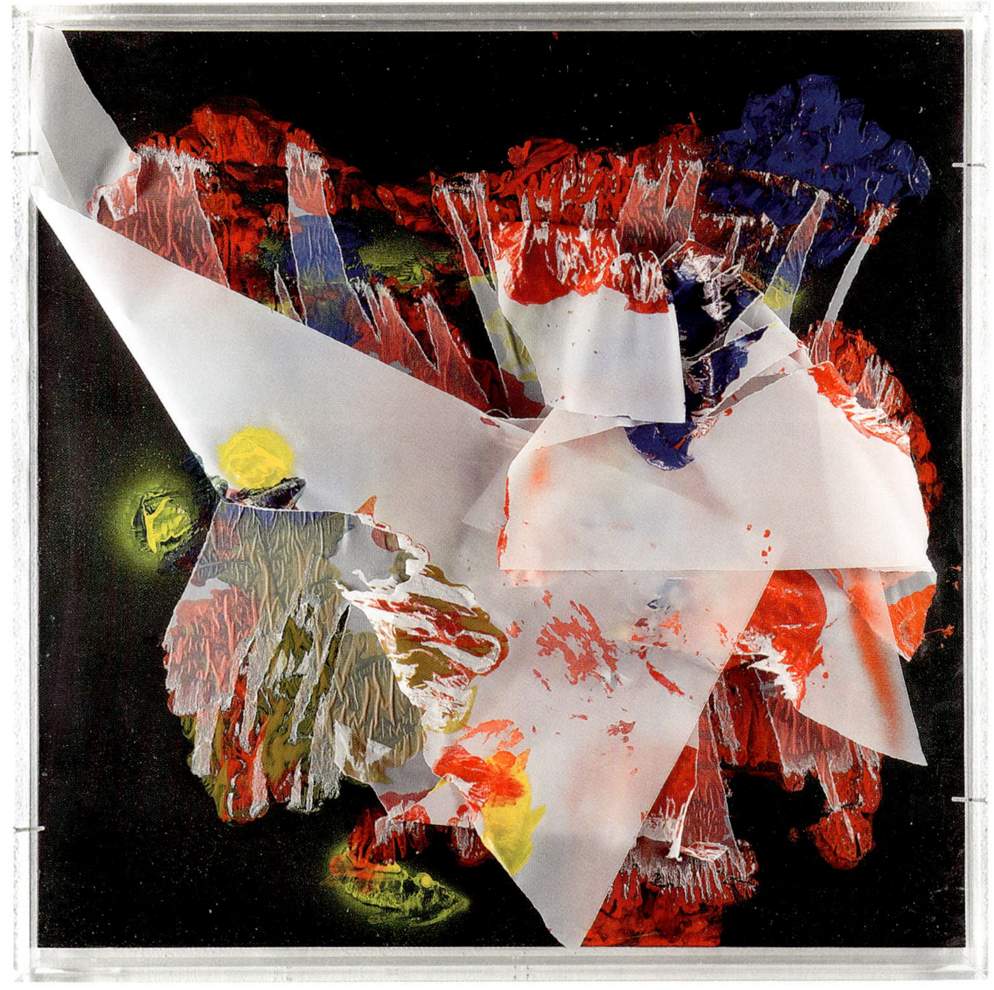

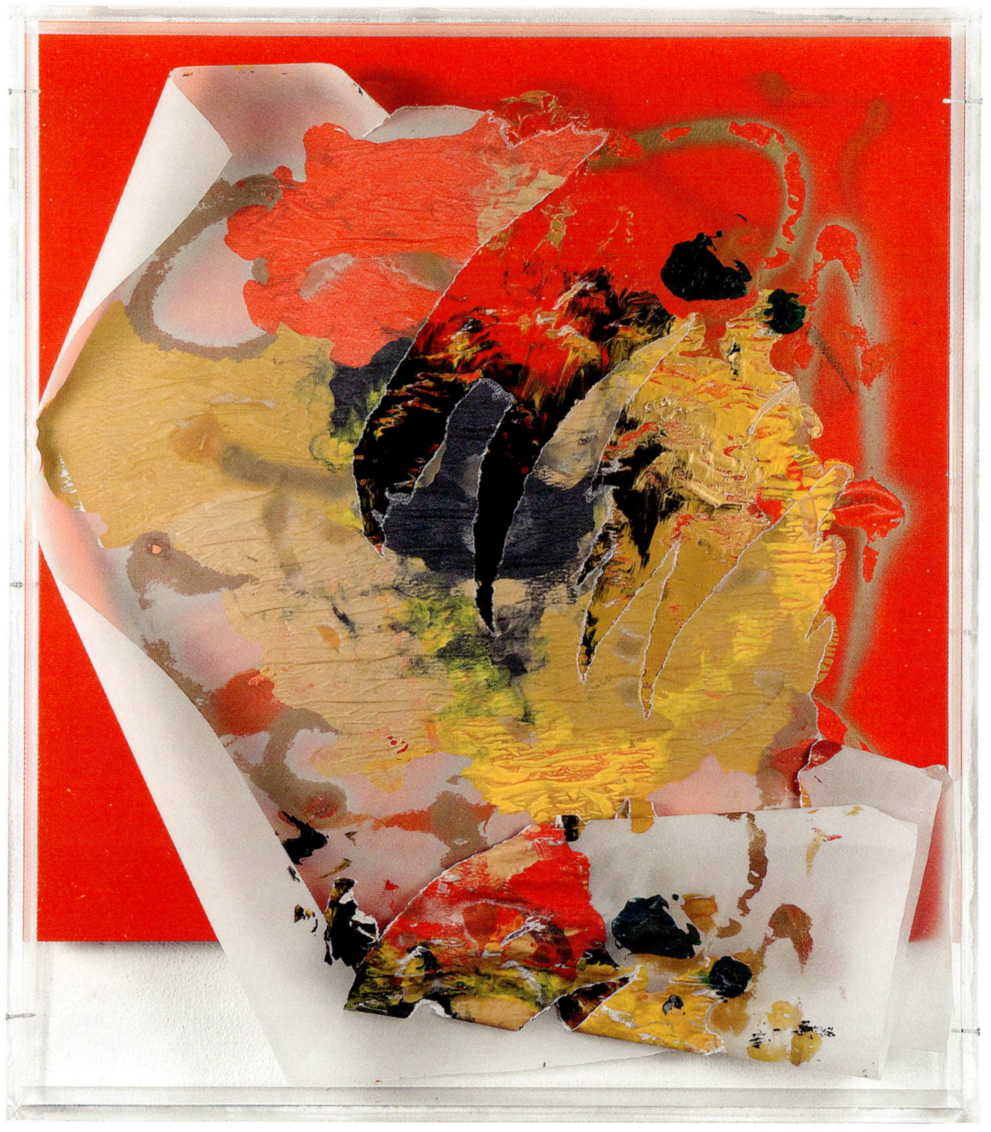

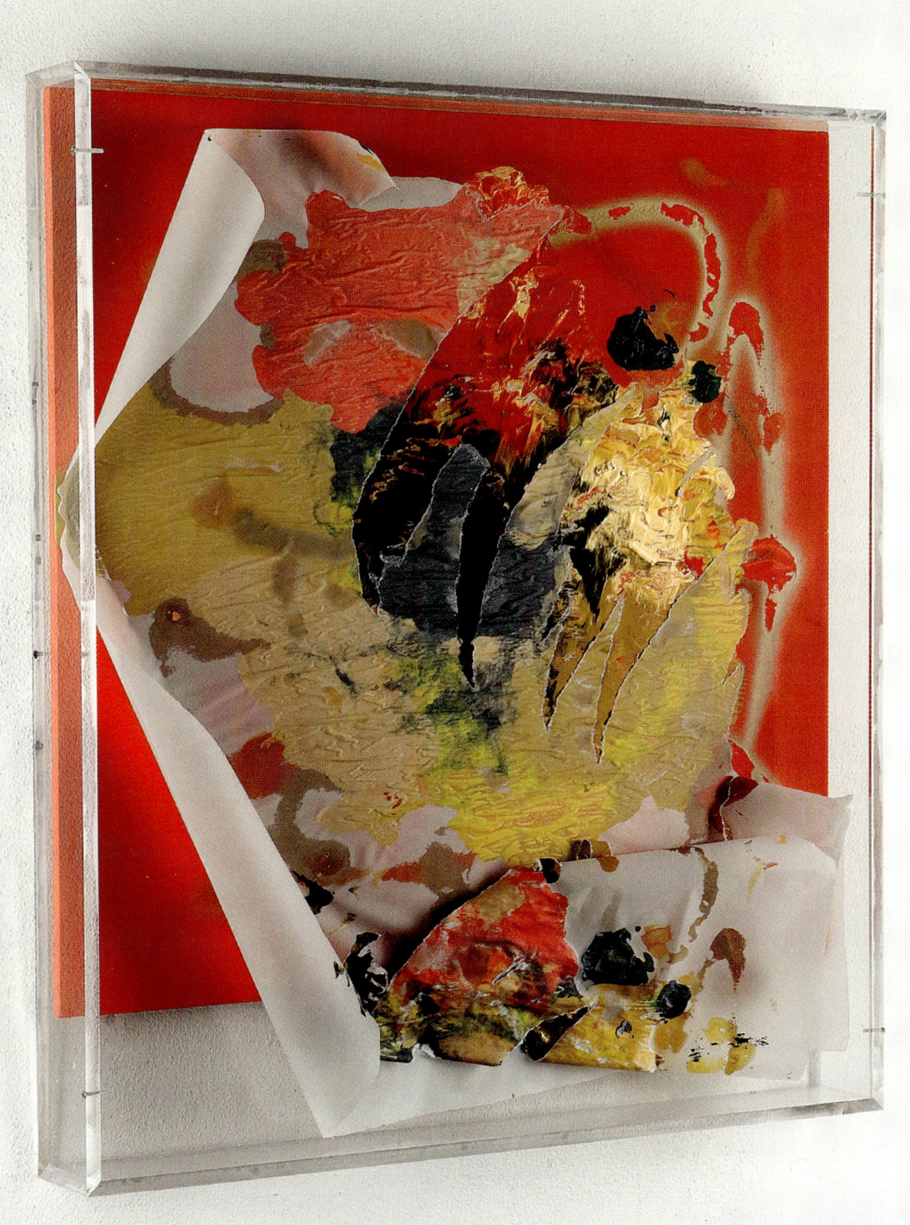

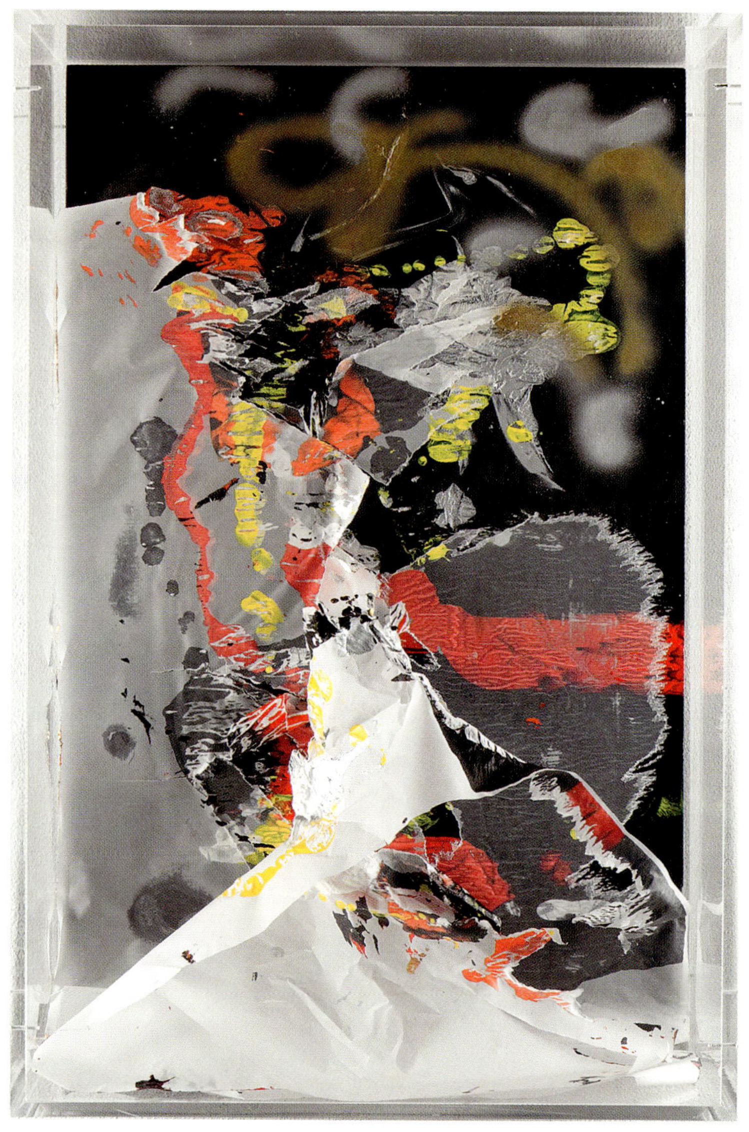

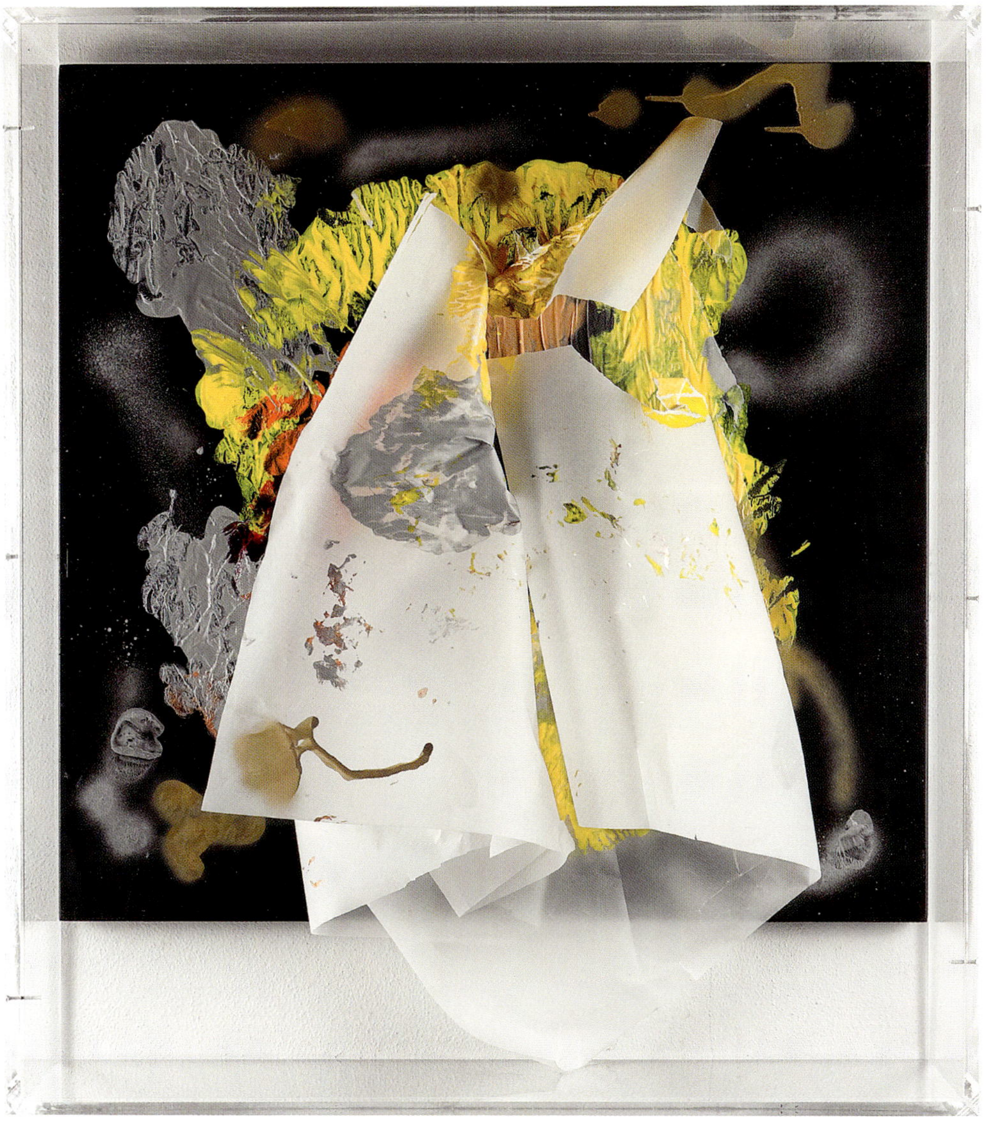

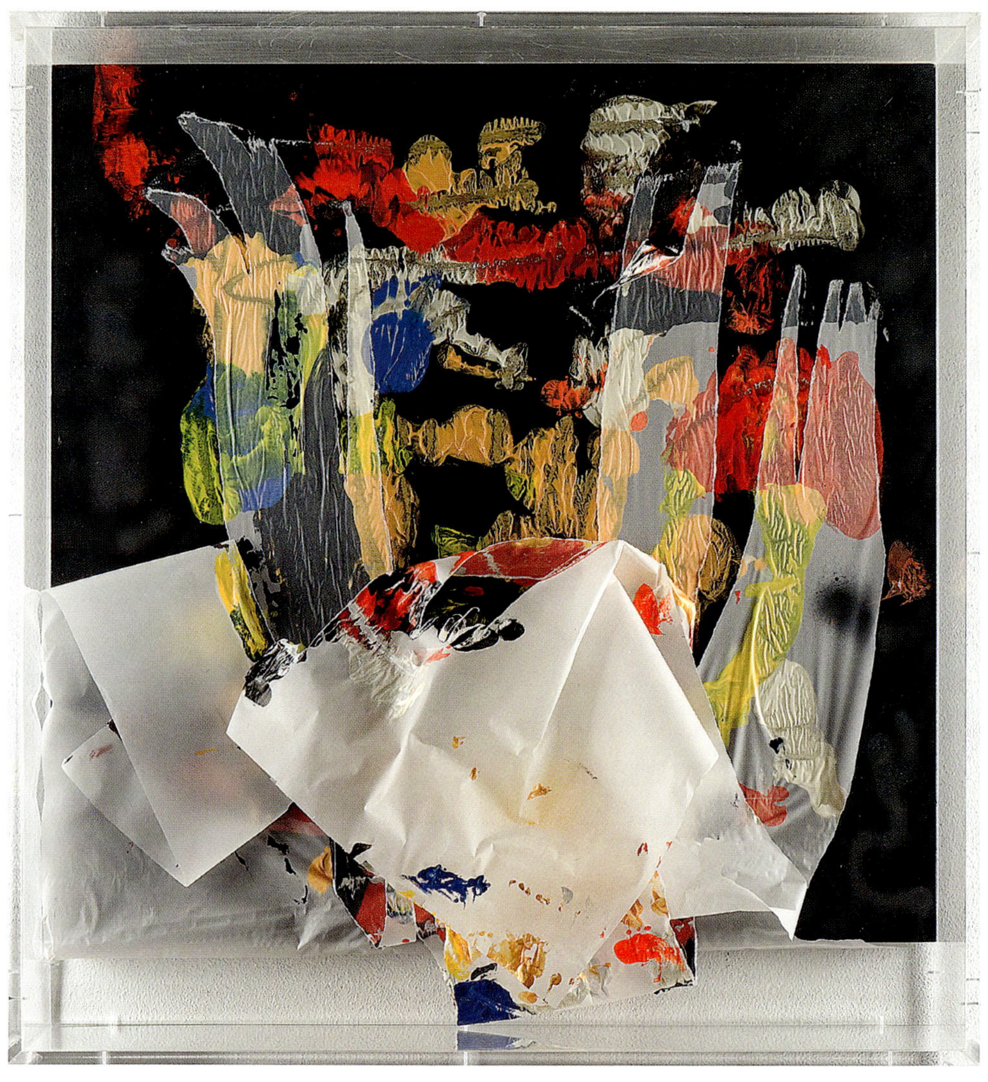

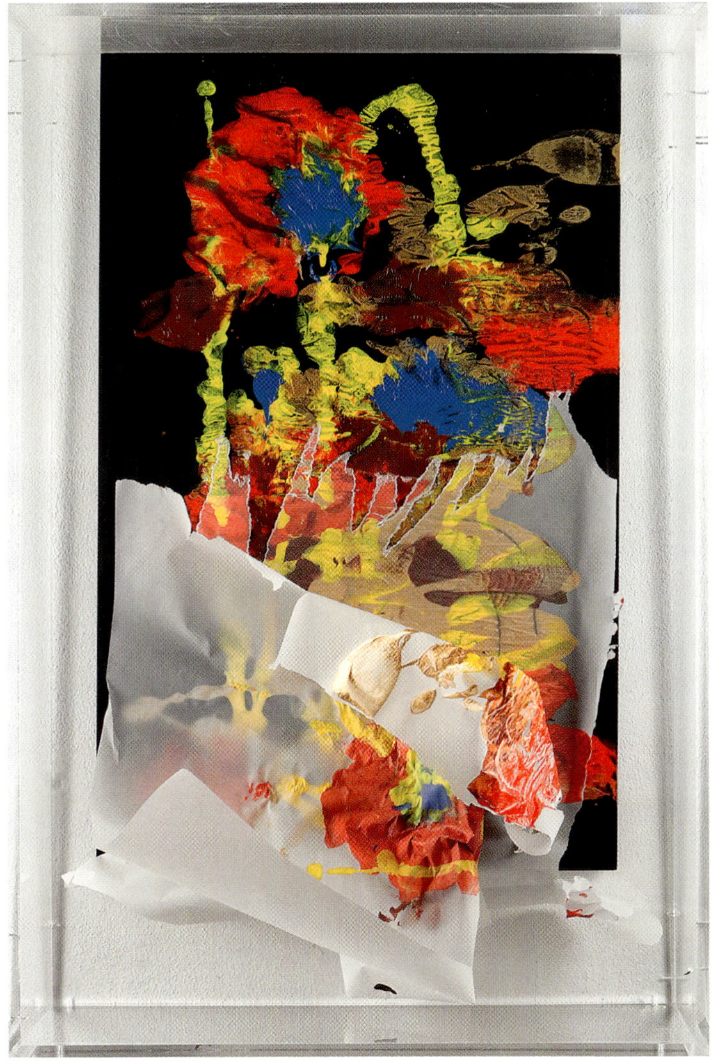

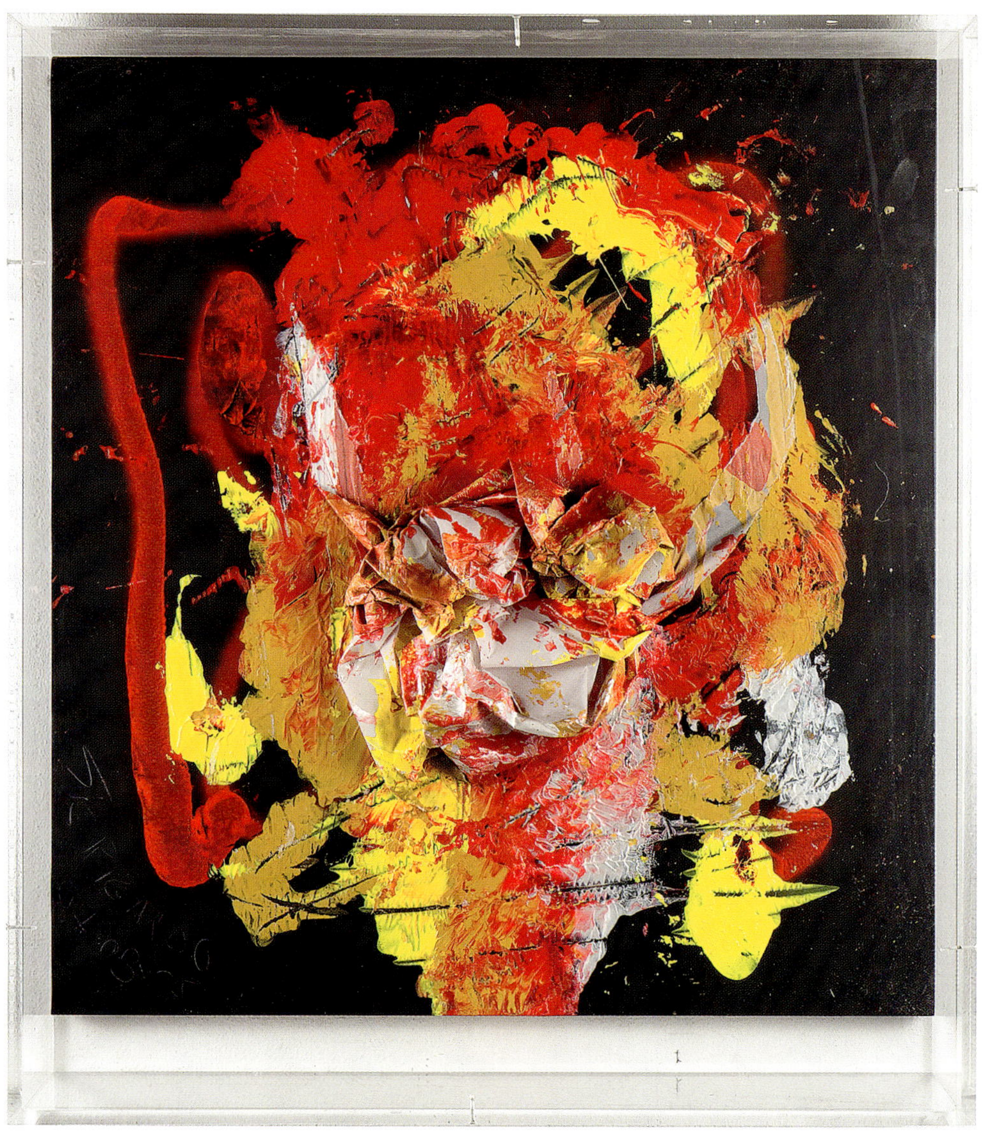

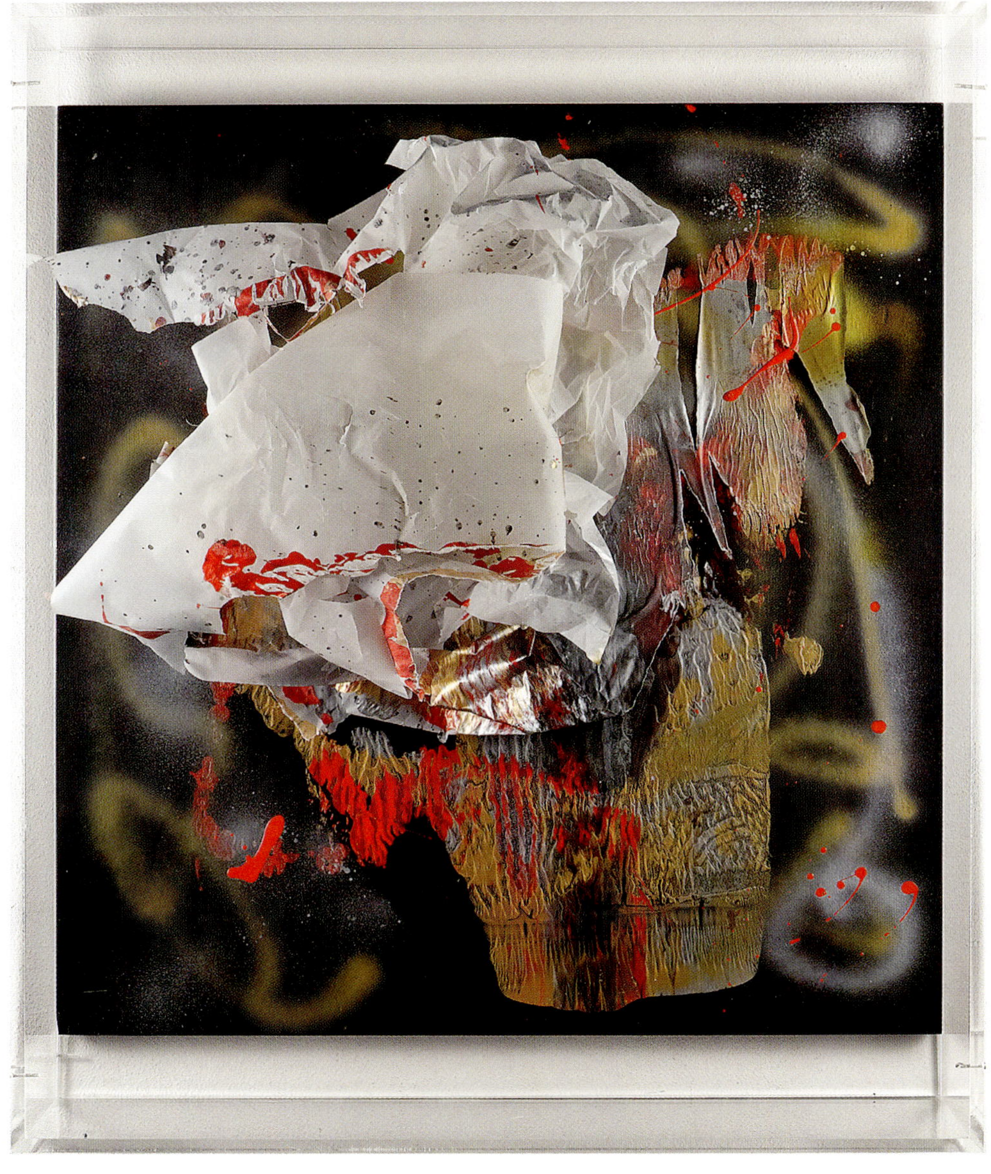

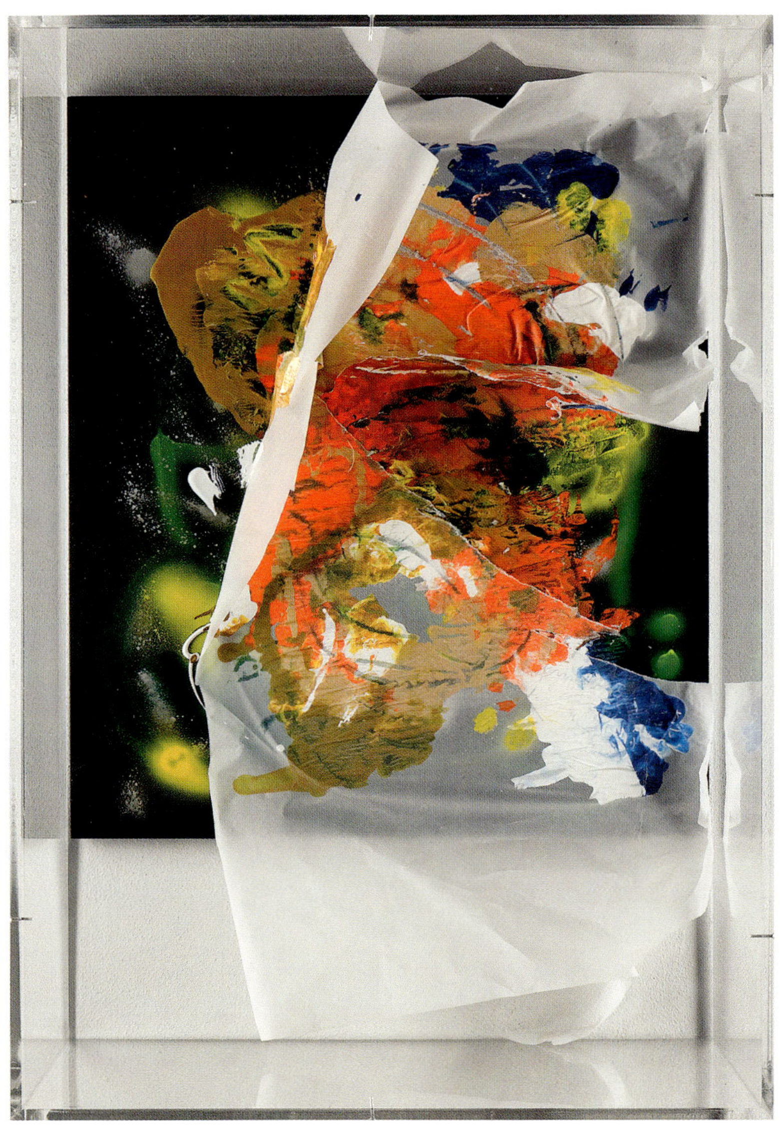

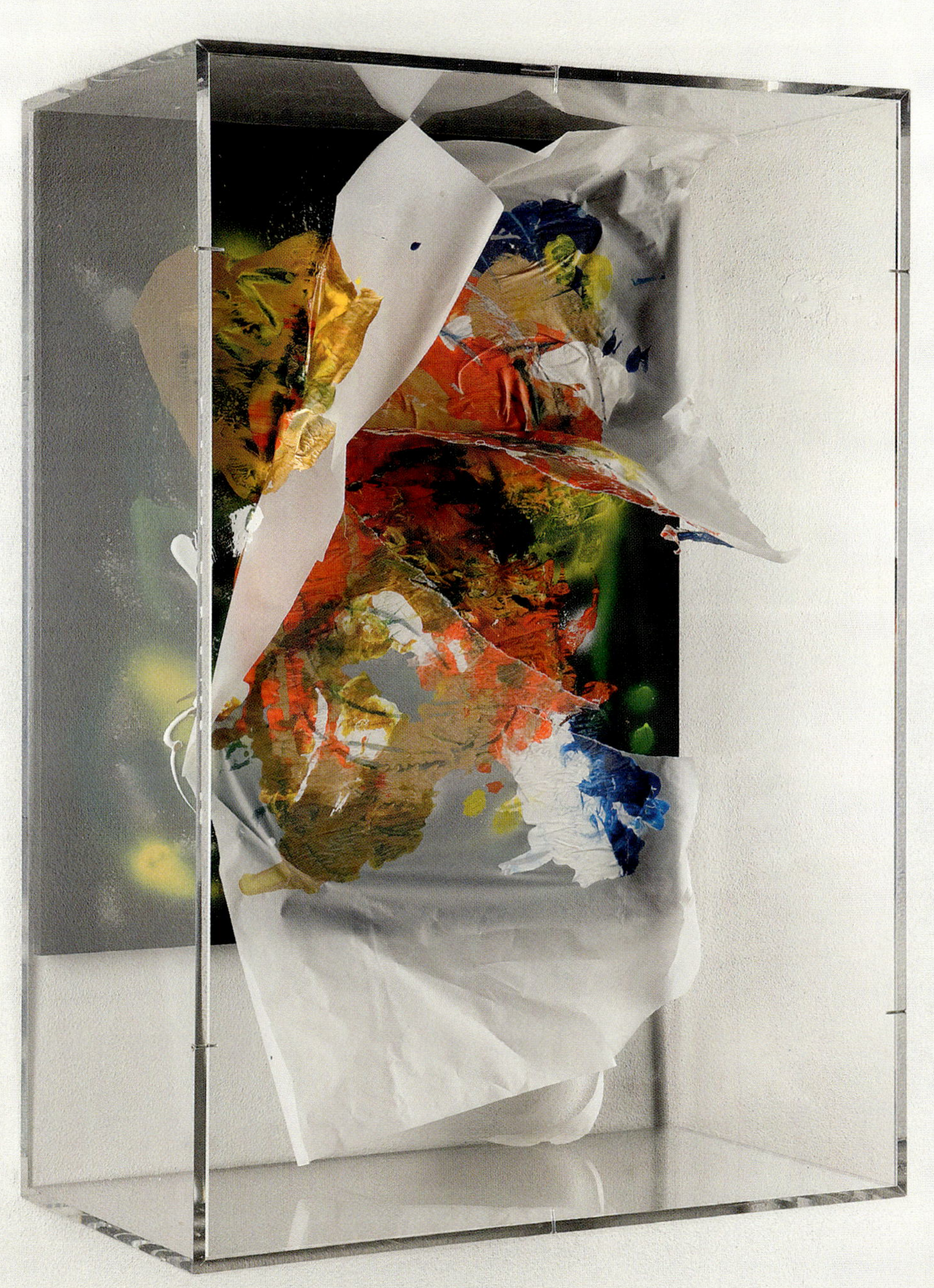

Storia 23, 2008

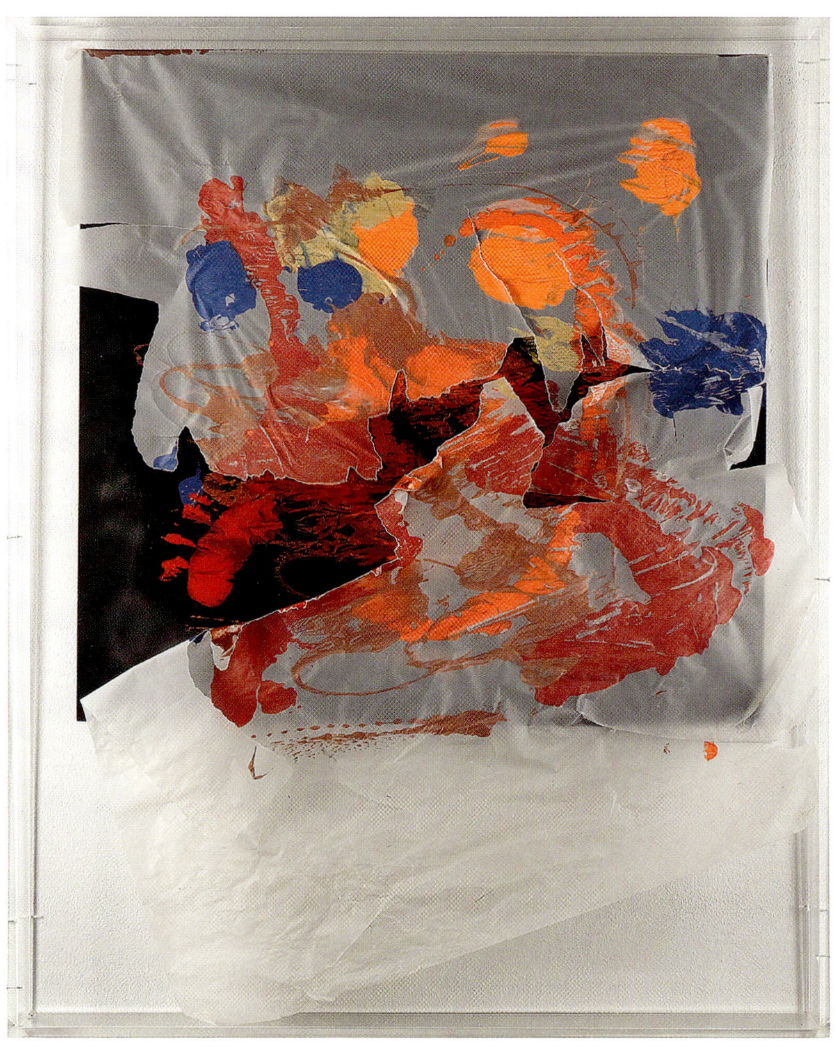

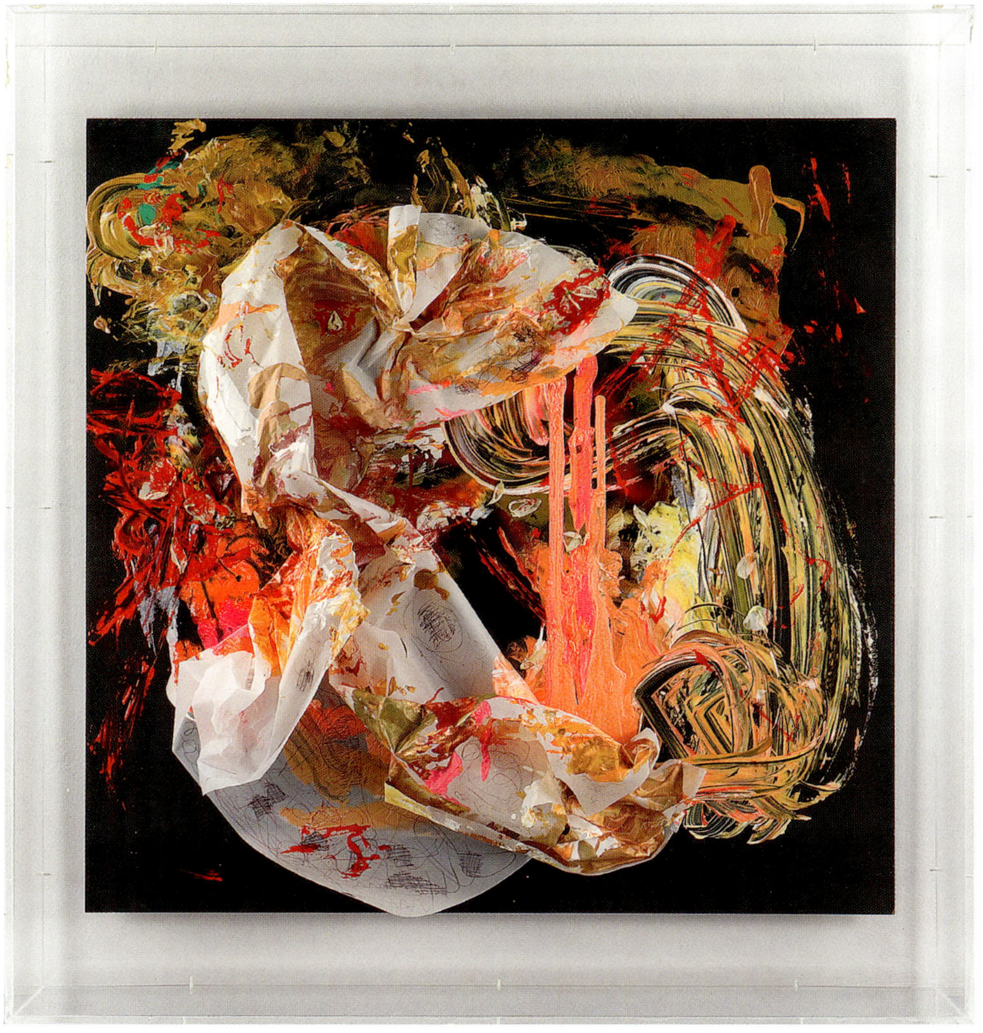

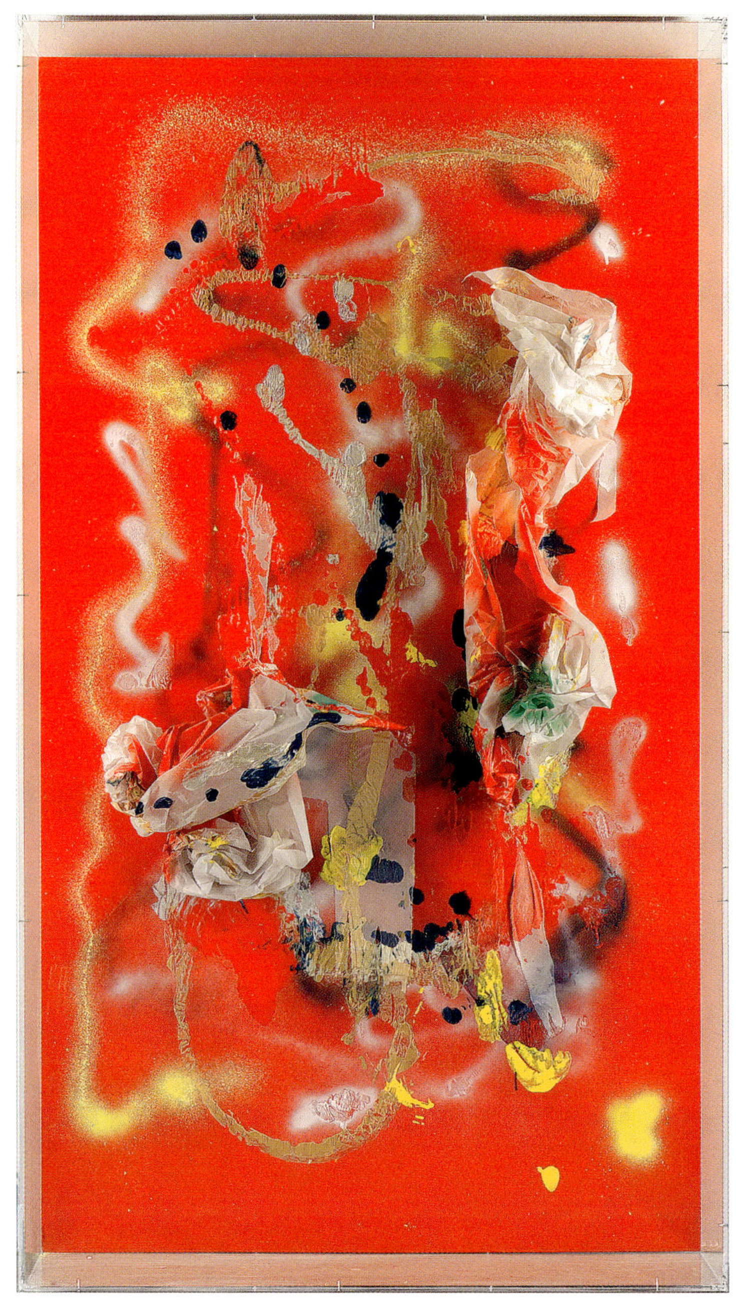

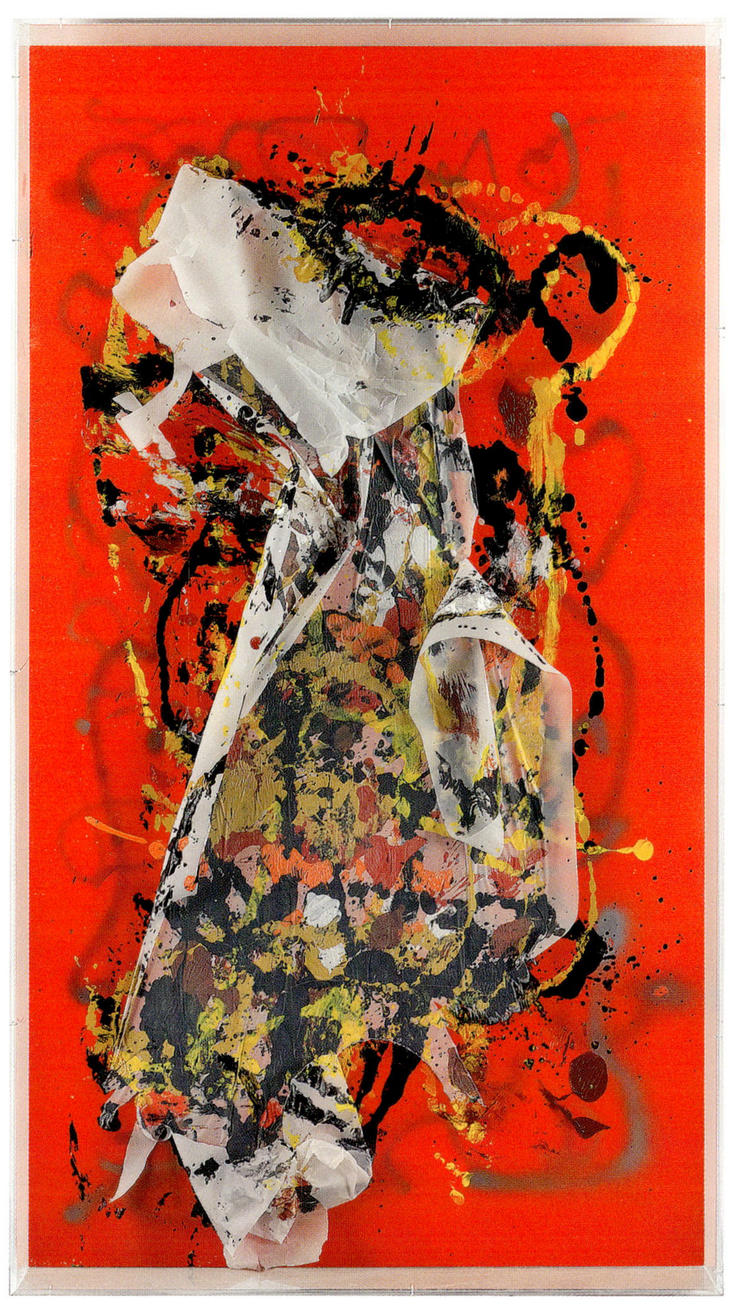

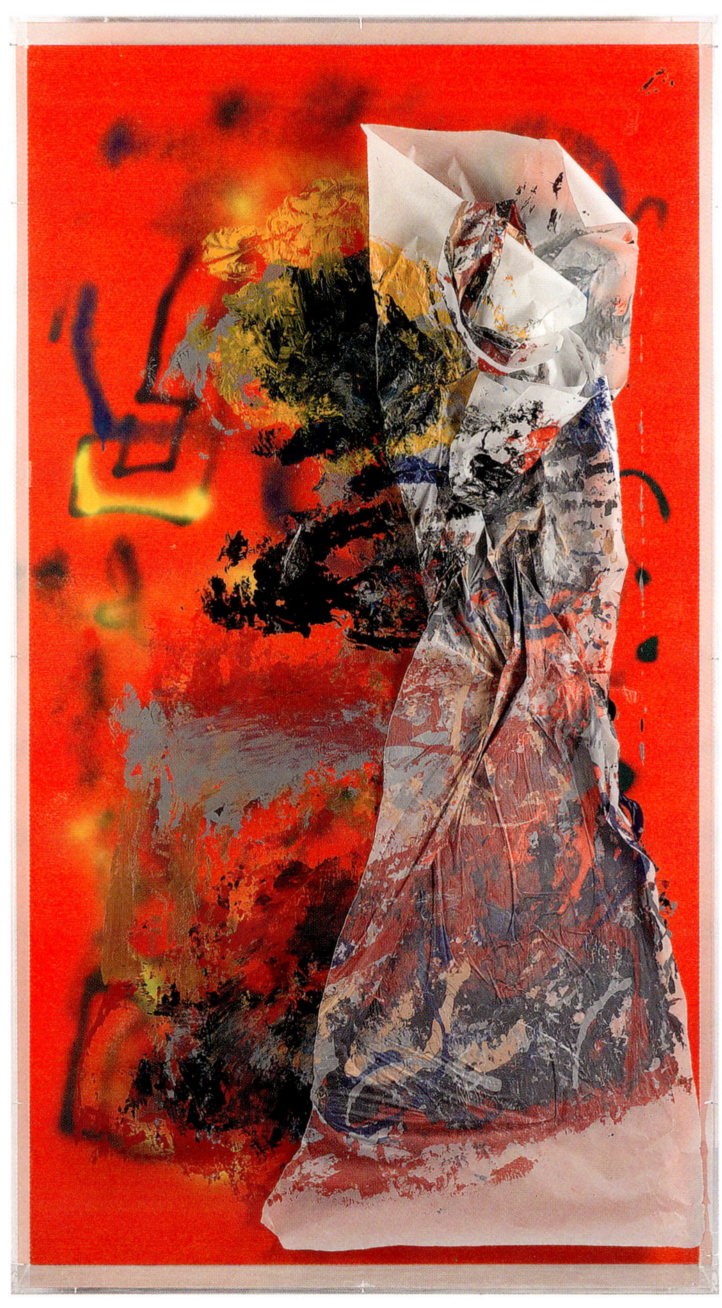

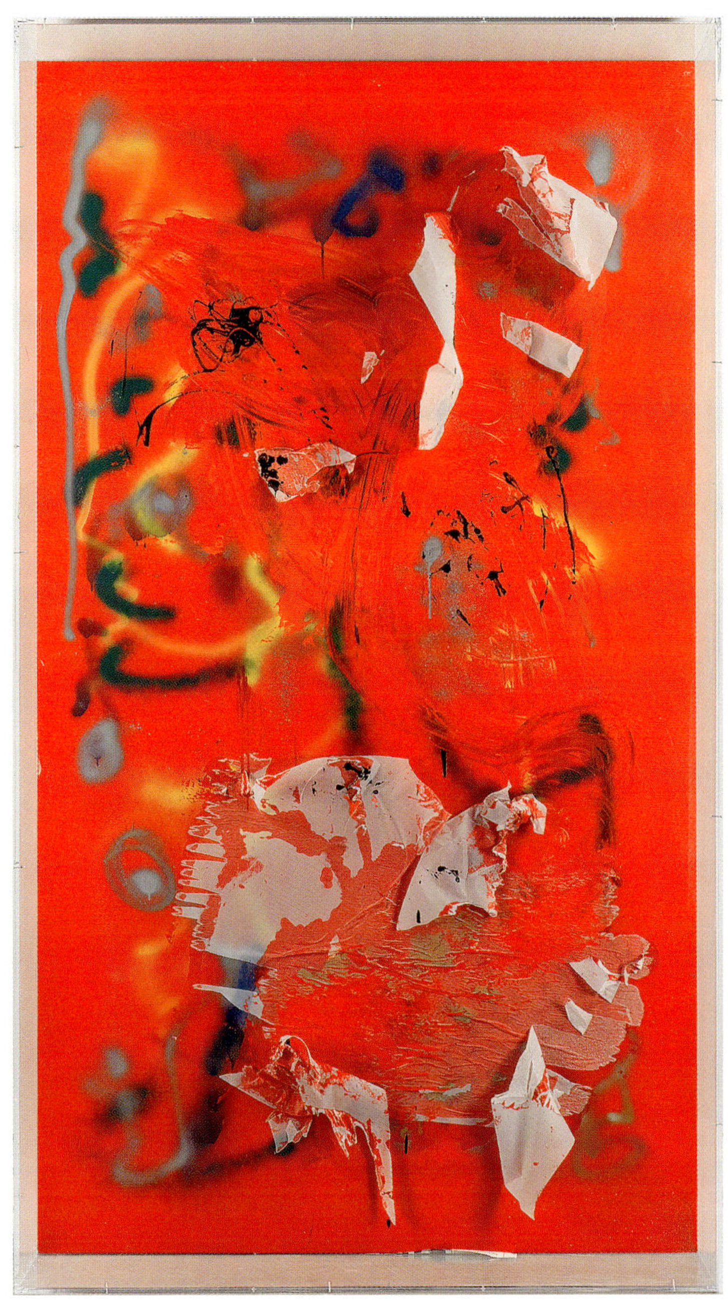

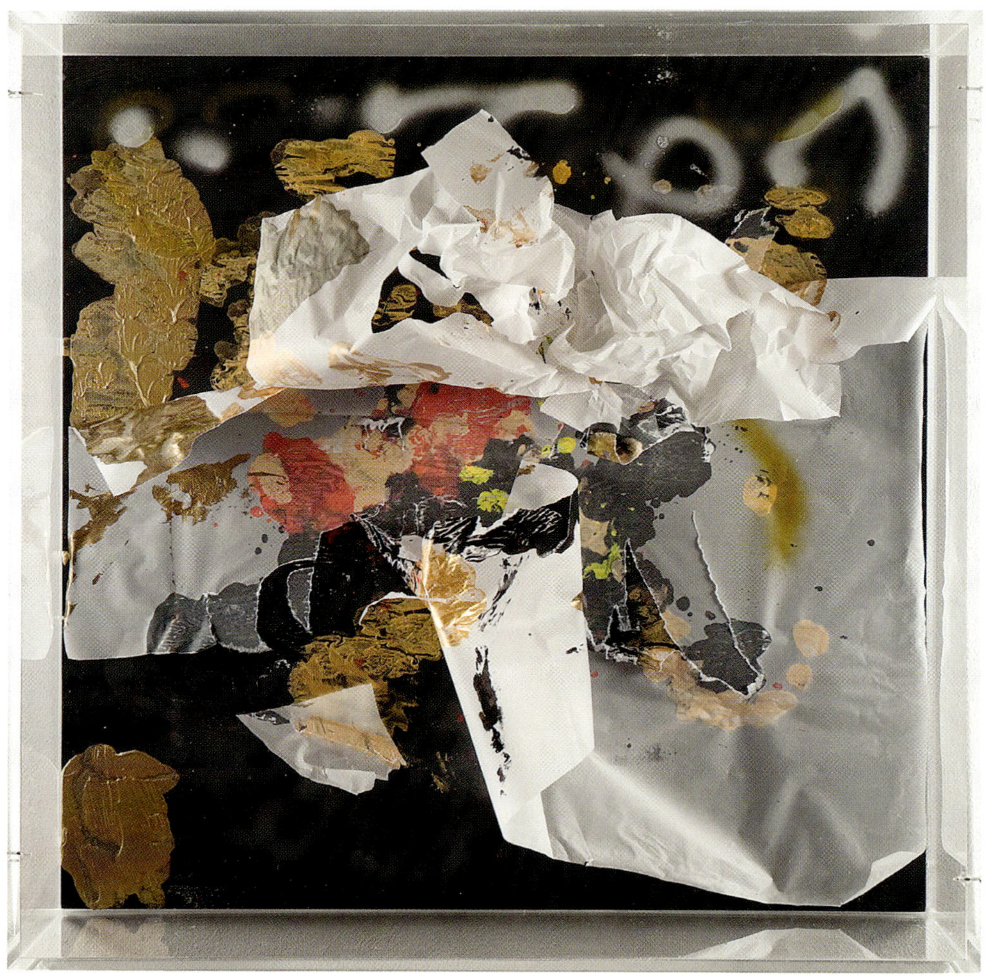

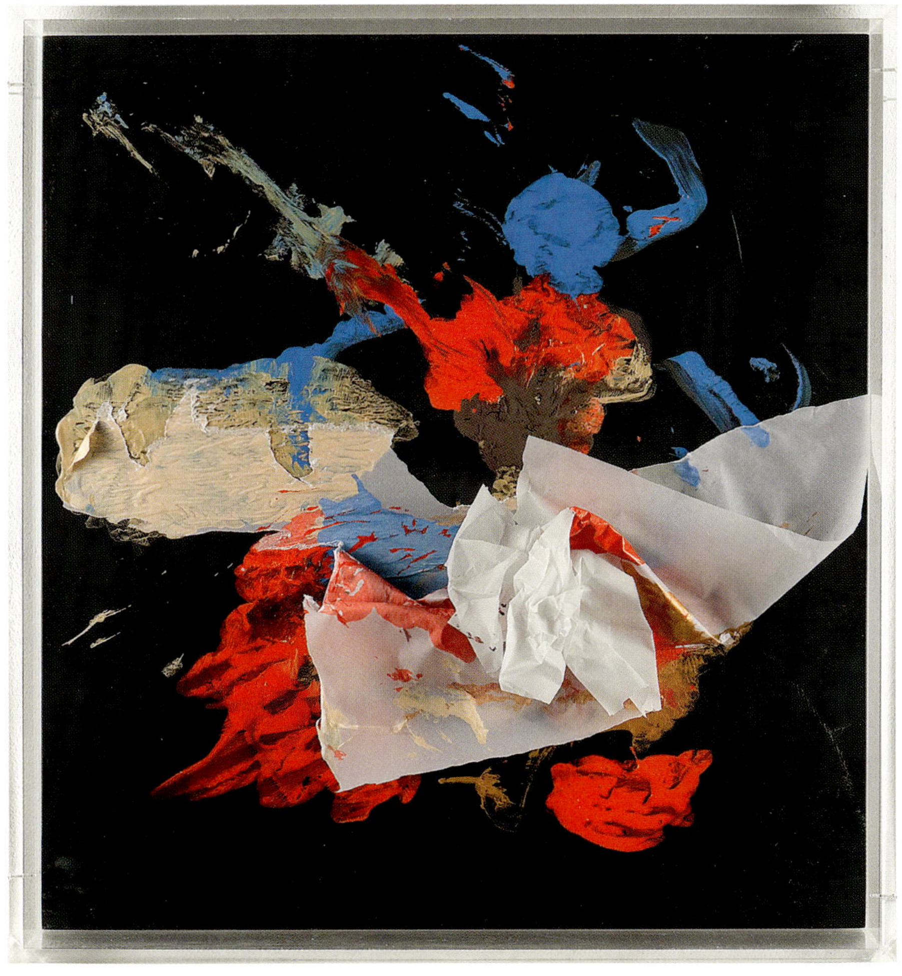

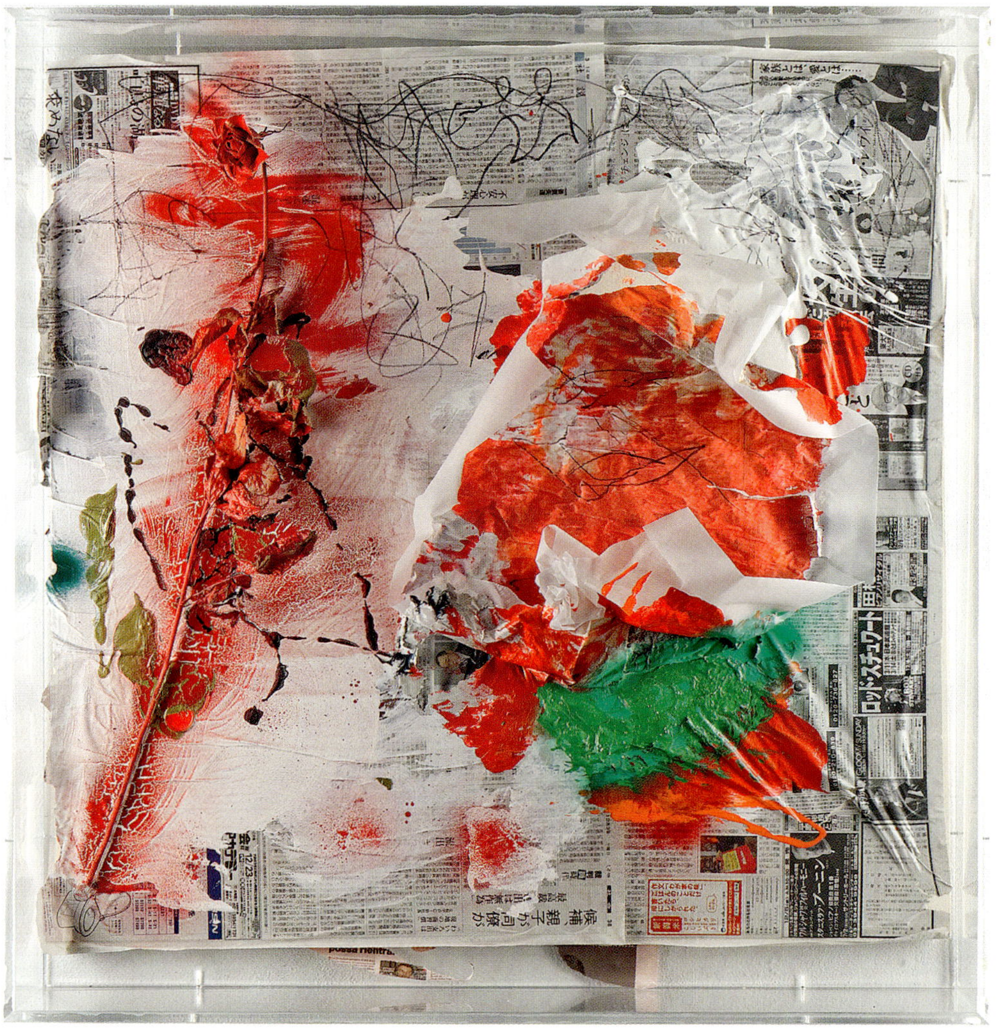

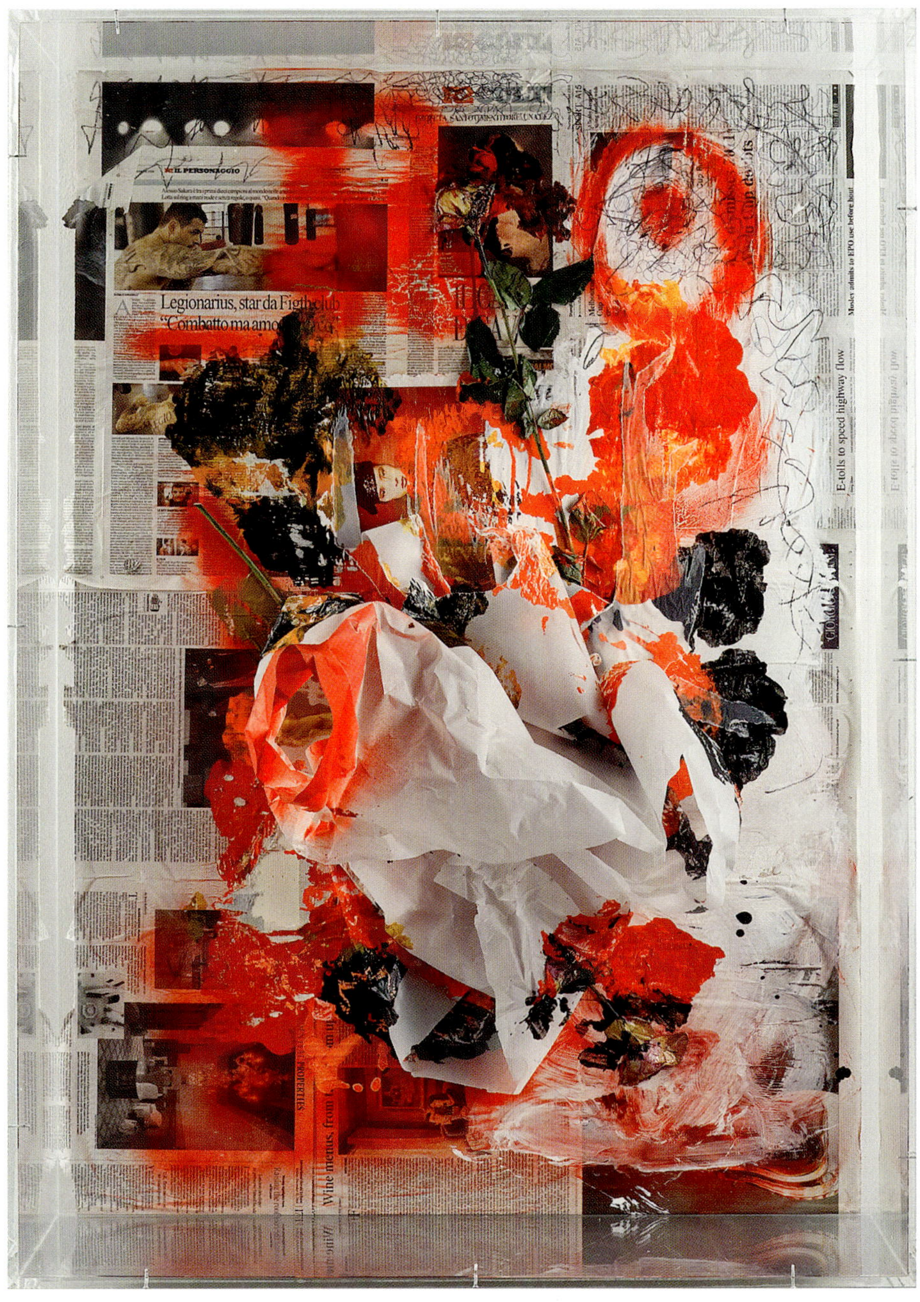

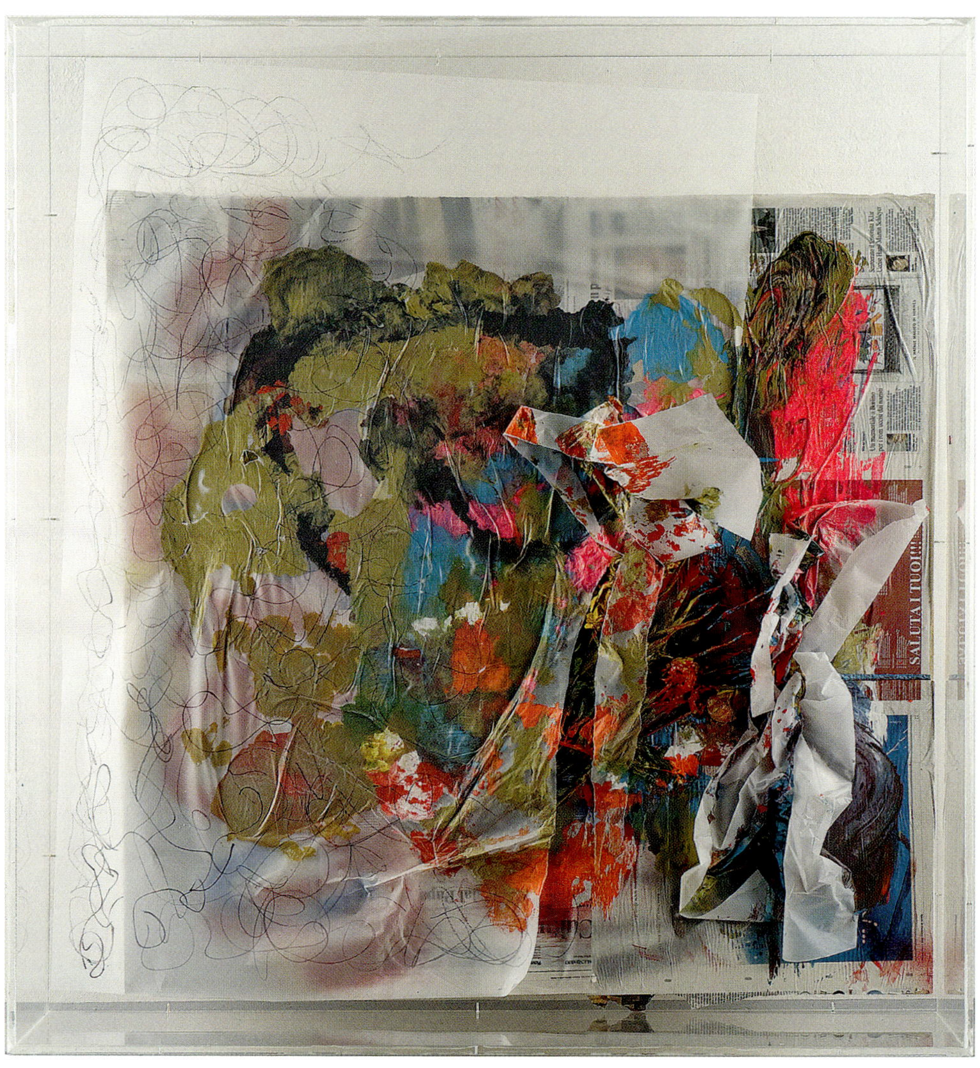

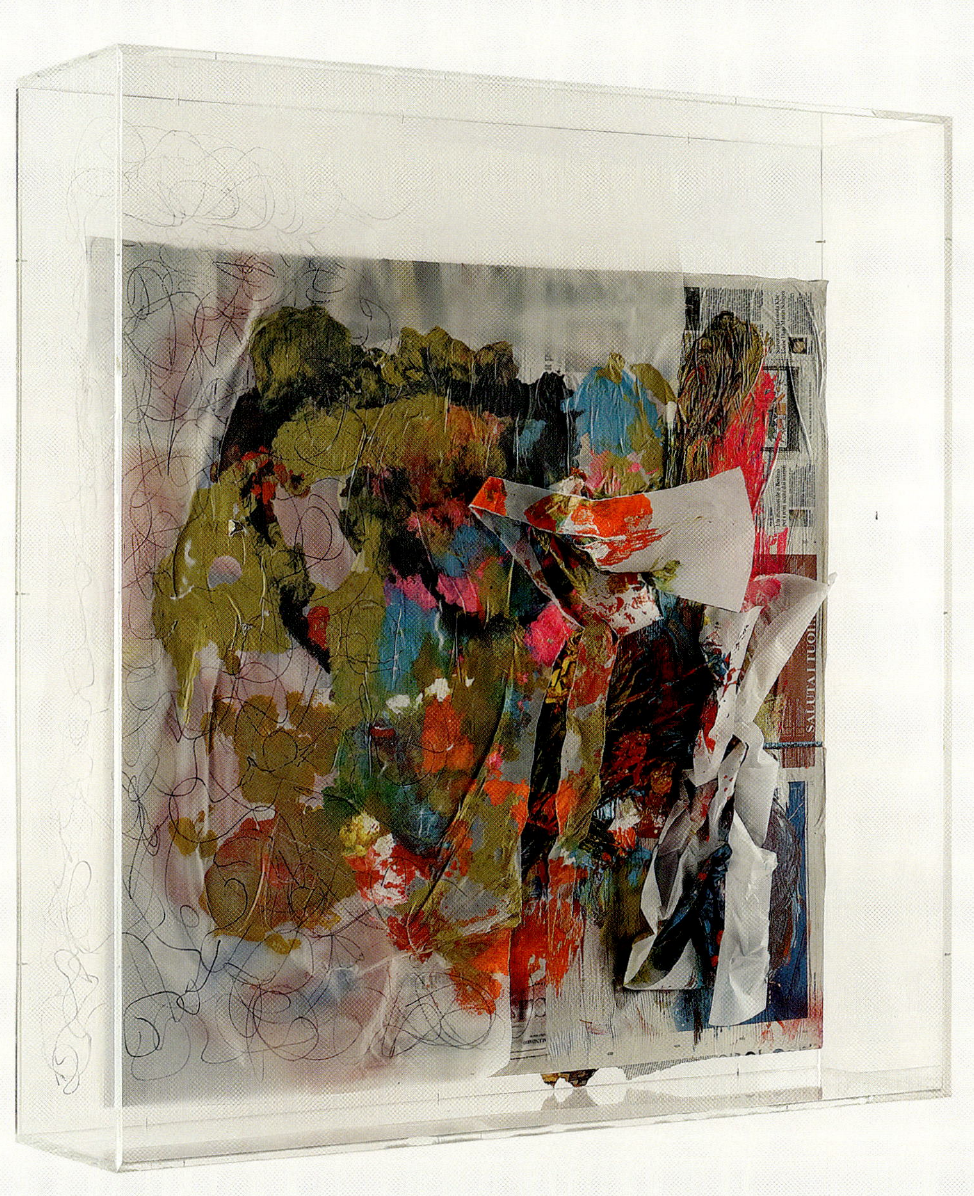

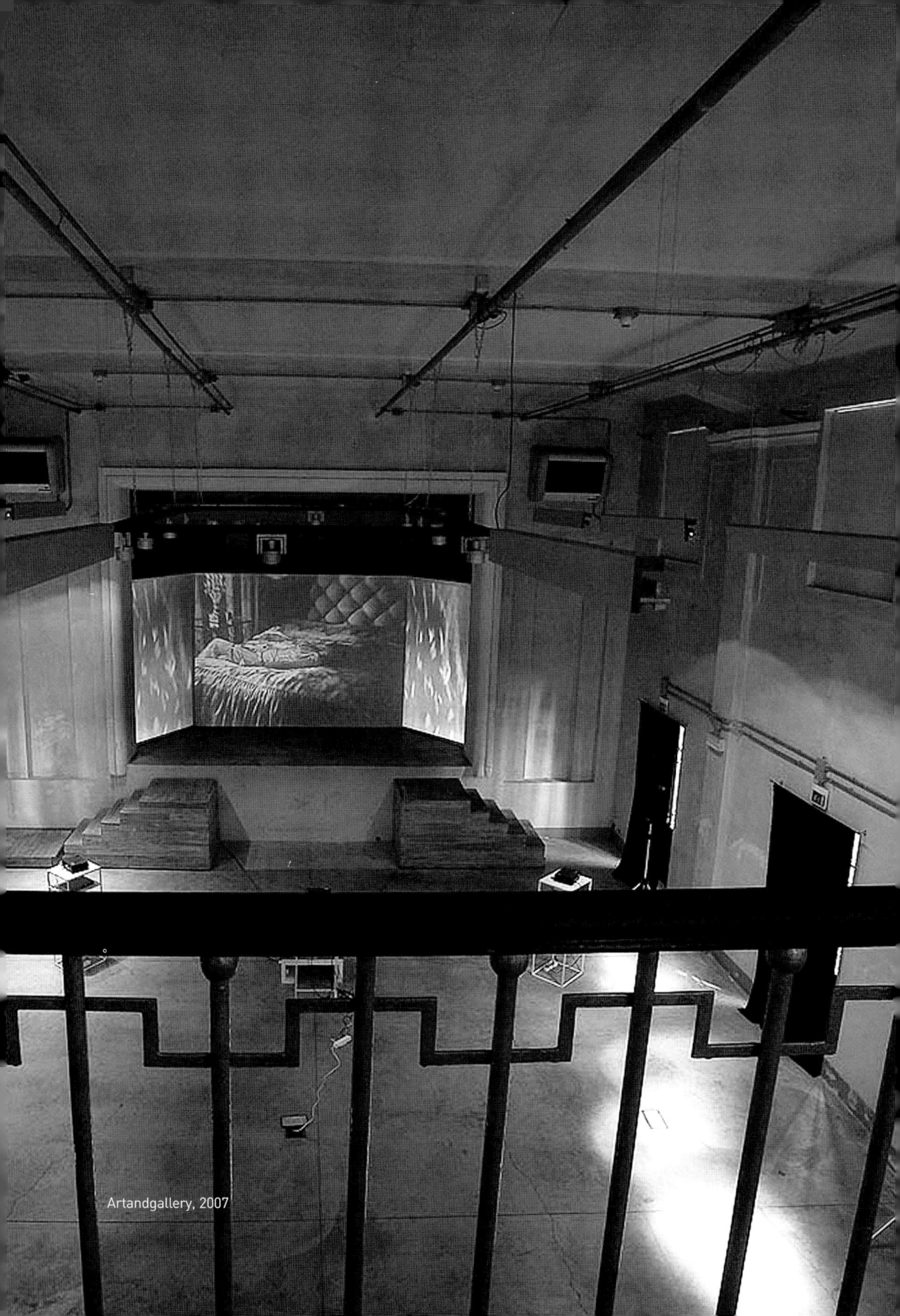
Artandgallery, 2007

UNA SPECIALE EUFORIA COSTANTE

Manuela Gandini

"Per la mia candela verde!" Tuonava re Ubu, con la sua spirale al centro della pancia ogni qual volta terminava o iniziava una frase. "Per la mia candela verde!" Avrebbe affermato, con Enrico Baj, davanti alla molteplice produzione di Gigi Rigamonti quando, all'inizio degli anni Ottanta, l'artista giovanissimo fu invitato proprio da Baj a partecipare alla mostra milanese sulla patafisica a Palazzo Reale.

Fu una delle ultime spinte movimentiste post-dadaiste che l'arte riuscì a produrre con la sua energia ribelle e indomita, prima che tutto cominciasse a frammentarsi e patinarsi. Prima che ogni artista diventasse un "professionista", un'isola, un individuo a sé che relaziona il proprio prodotto all'immagine e al mercato e solo in ultima istanza alla produzione di pensiero.

Come un fiume senz'argini, in una creatività dirompente, Rigamonti non smette mai di essere artista: in volo, in fabbrica, in riva al mare. In ogni singola ora della notte. In ogni singolo istante del giorno, in ogni parola e in ogni decisione che lo porti a confrontarsi sia con il territorio, sia con un metro quadro di superficie, si rivela artista totale: un artista *antiarte*. "Preferisco vivere, respirare, piuttosto che lavorare", ha affermato Marcel Duchamp in una lunga intervista biografica rilasciata a Pierre Cabanne nella quale appare in tutta evidenza quanto poco sul serio si prendesse. "Io non considero che il lavoro da me realizzato possa avere, nell'avvenire, una qualunque importanza dal punto di vista sociale", continua Duchamp, "dunque, se lei preferisce, la mia arte sarebbe quella di vivere; ogni secondo, ogni respiro è un'opera che non è iscritta da nessuna parte, che non è né visiva, né celebrale. È una specie di euforia costante."[1]

Così pensava l'artista più influente di tutto il Novecento.

Lo pensava anche Joseph Beuys, per il quale ogni fiore è intelligente e ogni essere vivente è un artista. "Come spiegare a una volpe morta un'opera d'arte?", si chiedeva piano, con gli occhi della compassione. "Ovunque sotto il Cielo", dice Confucio, "quando si parla di natura si vuol parlare degli effetti naturali. Gli effetti naturali hanno questo di speciale: sono spontanei. Quel che non ci piace degli uomini prudenti all'eccesso è che fanno violenza alla natura."

Le pagine su (e di) Gigi Rigamonti sono senza margini, senza

1. Marcel Duchamp, *Ingegnere del tempo perduto. Conversazione con Pierre Capanne.* Milano, Multhipla, 1979, p. 103.

confini disciplinari e geografici, senza marchi né scuole. Per affrontarne il lavoro occorre liberarsi da preconcetti, regole e vie sicure, e mettersi in ascolto sintonizzati con il ritmo particolare dei suoi giorni e dei suoi incontri. Come la patafisica è "illimitazione", così Rigamonti viaggia nel tempo verso Alfred Jarry e Raymond Queneau, ma anche verso la conquista delle stelle e, senza neppure accorgersi, diventa membro del Collège de Pataphysique. Perché la patafisica, come ha affermato Pietro Bellasi, è l'ultimo pensiero disponibile. Rigamonti è incurante dei passaggi obbligati e delle gerarchie. Allergico al sistema dell'arte e alle convenzioni, è un artista multiplo e anarchico. È a contatto diretto con l'imprenditoria e la robotica, possiede una ditta di manichini e lavora utilizzando sistemi di compatibilità ambientale. Se da un lato la fabbrica è il luogo di produzione in costante rinnovamento, dall'altra i quadri e le sculture sono frutto di un rapporto fisico, istintuale, primordiale. Rigamonti, artista libero dal bisogno, affronta un corpo a corpo con la materia e il colore, lo spalma in ogni direzione, lacera la carta, incolla le pagine di giornale, i fogli da lucido o i pezzi di cartone, e poi li strappa, riduce l'immagine a brandelli creando spazi concettuali sempre più profondi e movimentati.

Quando da adolescente, improvvisamente, entrava in un inspiegabile mutismo, svenendo di colpo senza motivo, gli fu diagnosticata da un antropologo una strana "malattia": una sensibilità ricettiva molto al di sopra del normale. Il ragazzo "sentiva", senza sapere, ciò che stava succedendo in un'altra parte del mondo. Consigliarono ai genitori di farlo disegnare, dipingere, esprimere attraverso il colore. In breve, i sintomi scomparvero ma ancora oggi l'artista percepisce come un radar gli accadimenti del quotidiano. Li immagazzina e li elabora attraverso un processo di purificazione e nuova contaminazione, con gesti veloci e improvvisi traducendo le percezioni in energia.

Rigamonti è un nomade. È in viaggio perenne per lavoro, per mostre, per piacere. E il suo tempo si snoda in un'avvicendarsi di gente di ogni colore, razza, etnia, che incontra nelle capitali della globalizzazione. Tutto si muove nel rumore urbano tra autobus, metro, scienziati, sushi bar, amministratori delegati, film, colonne rastremate, aeroporti, cupole, vetrine, telegiornali, bacchette orientali, manichini, animali vivi al mercato, anatre appese, teste di Buddha, sarti, carne fritta, sguardi catturati, immagini veloci, accelerate, vorticose, inafferrabili. E tutto ciò obbedisce alla *dromologia*, la scienza della velocità teorizzata da Paul Virilio.

"La città si è invertita", afferma il filosofo. "È stata il luogo non solo del politico, ma anche della civitas, della civiltà. Lo spirito, l'aria della città rendevano liberi, ma adesso accade il contrario.

La città diventa una macchina da guerra. Oggi la città è il luogo cruciale della crisi della politica e della crisi della guerra. La chiamo "panic city" perché il panico s'impadronisce della città. Si pensi alle megalopoli di 20 o 30 milioni di abitanti, alla vita in questi agglomerati che non hanno più un volto umano né una dimensione umana: città smisurate che vivono di eccessi di ogni genere. La deregolamentazione e la derealizzazione hanno penetrato la città. C'è stato un rovesciamento: la città, che era il centro della nostra civiltà, è diventata il centro di destrutturazione dell'umanità."[2] E la derealizzazione è in tutte le opere di Rigamonti, i suoi quadri tridimensionali diventano muti agglomerati di angoscia o di eccitazione, di resistenza e rabbia, di gioia e candore.

Se Victor Hugo è ispirato da Notre-Dame, Jean Cocteau dalla Torre Eiffel, Émile Zola dai grandi magazzini, Mario Sironi dalla cupa città industriale, Guido Morselli e Paul Auster dalle città postbelliche, Jean-Claude Izzo da Marsiglia, Rigamonti ripercorre le banlieue con disinvoltura, accentuandone il disagio e la violenza che vi si respira. Poi disegna con pochi tratti una luce carpita a Shanghai o delinea il senso dei non-luoghi nel "tempo dell'ubiquità". Produce libri senza scrittura, senza lingua e senza immagine. Assembla pagine piene di ori, di rossi, di gialli e di blu, che vengono squarciate e si lasciano intravvedere in trasparenze opacizzate. Usa la carta da lucido per intorbidire la visione e togliere brillantezza. "Ciò che è lucido", scrive Enrico Baj nel 1990, "attrae e seduce ... Anche nel sofisticato mondo delle arti, ciò che è lucido e ben levigato, addirittura brillante, seduce sempre. La pittura *pompier* del secolo scorso popolata da romani della decadenza, efebi, guerrieri, sultani e odalische era tutta lucida e ben levigata. Anche le scene di realismo borghese, dalle funzioni religiose, all'elemosina, alla ritrattistica, erano trattate in modo minuzioso, liscio e ben lucidato, al punto che tutti quei quadri vennero anche definiti come 'pittura leccata'. Il leccato, lo si sa, seduce, sia in arte che anche in altri campi: e leccapiedi vengono definiti coloro che, per entrar nelle grazie di qualcuno, sembrano disposti appunto a leccarli."[3]

L'universo di Rigamonti è fatto di migliaia di pagine di quaderno disegnate di notte sotto il cono di luce dell'abat-jour di una stanza d'albergo. È un mondo dilatato, in continua espansione e si ancora alla vita più che al prodotto ultimo finito. Riguarda gli oggetti che escono dalle sue mani, quelli che escono dalla catena di produzione, gli oggetti immateriali fatti di rapporti sociali, e anche l'attitudine al collezionare e a sostenere mostre degli altri artisti. La *scultura sociale* teorizzata da Beuys, qui si rinnova continuamente. La sua produzione artistica è sia individuale, sia collettiva, e non si esplica quasi mai nei luoghi deputati.

2. Paul Virilio, "Metropoli fragili", *Internazionale*, n. 549, 2004.
3. Enrico Baj, *Ecologia dell'arte*. Milano, Rizzoli, 1990, p. 164.

In un solo istante, sul lungo tavolone di fronte al camino, Rigamonti improvvisa un'opera, come soffiando in un sax sghembo. La musica del caso fa irruzione attraverso il rumore della carta spiegazzata e maltrattata. Come in una performance senza pubblico, si compie l'alchimia dentro la quale sembra di veder scorrere fiumi di automobili lungo le highway notturne californiane. L'energia catturata on the road da Rigamonti si scioglie nel colore che corre sulle superfici scelte a caso. Il suo atteggiamento fluxus, che risveglia il ragazzo anni Sessanta, si riempie di echi alla Cage, di parole alla Kerouac, di urli alla Ginsberg, ma con i nuovi linguaggi contemporanei. Allora Europa America Medio Oriente, non più separate da virgole, si fondono in un'unica terra: diventano fluide, liquide, senza confini, come in un trip alla Timothy Leary. "Se il caviale è l'esperienza vitale dello storione" scrive Salvador Dalì, "lo è anche dei surrealisti, poiché, come lui siamo pesci carnivori che come ho già insinuato, nuotiamo tra due acque, l'acqua fredda dell'arte, l'acqua calda della scienza, ed è esattamente a questa temperatura e navigando controcorrente che l'esperienza della nostra vita e della nostra fecondazione raggiunge la torbida profondità, l'iperlucidità irrazionale e morale che non può aversi che in questo clima di osmosi neroniana fatto della fusione vivente e continua dello spessore della sogliola e del tepore coronato."[4]

Le onde radio captate da Rigamonti, discontinue e spezzate, sono ricondotte nel mondo delle arti. Sullo sfondo c'è sempre una critica sociale, un coinvolgimento personale politico, poetico e attivo che porta la singola opera a moltiplicarsi ed espandersi. Per un artista prolifico e plurale, il white cube è inconcepibile. Ed è per questa ragione che nei primi anni Duemila a Milano atterra un'astronave: un luogo che non ha equivalenti, di nome Artandgallery.

È un giorno del 2002, quando suona il telefono di casa. Dall'altra parte del filo una voce che non udivo da anni: "Sono Gigi Rigamonti, come stai? Ho un progetto. Ho un luogo straordinario, è un ex teatro d'opera nel cuore dell'Isola e voglio farne qualcosa di speciale. Vieni a vederlo oggi stesso".

Iniziammo subito a lavorare. Non c'era dubbio che Artandgallery dovesse diventare un crocevia di esperienze internazionali dove l'arte diventa *live* e le persone al suo interno fanno parte dell'opera globalmente concepita. Artandgallery, come una platea d'umanità, ha narrato storie e cronache poco prima che accadessero, ha ospitato ex detenuti, ex direttori di carcere, preti, ballerine, monaci buddisti, extracomunitari, marinai, giornalisti, film-maker, cuoche... Ad ogni mostra associavamo incontri che ne tagliavano trasversalmente il tema.

4. Salvador Dalì, *La droga sono io. Pensieri di un eccentrico.* Roma, Castelvecchi, 2007, p. 41.

In *Tutti i nomi di Dio,* una donna con il burqa di Shirin Neshat aveva il fucile puntato sulla Madonna vuota di Cecilia Guastaroba. In *Blind,* il muro di Athanasia Kyriakakos divideva in due parti la galleria e i contatti tra il pubblico erano drasticamente impediti. E a proposito della cecità mediatica, Gigi Rigamonti e Ennio Bertrand, nella loro installazione interattiva, aprivano corridoi virtuali verso guerre, terrorismo, moda, riducendo il tutto a una successione invisibile di eventi. Ad Artandgallery sono passati artisti giovani e vecchi, famosi e neonati, e alcuni, per la rassegna *No Parachute*, atterravano senza paracadute in una non stop improvvisata, spesso partecipando a una mostra per la prima volta. Si sono fatte innumerevoli performance, le opere acquistavano movimento, entravano nel circuito della vita dinamicamente, senza sforzo. I temi affrontati sono sempre stati cruciali: la paura, l'invenzione della realtà, il linguaggio delle catastrofi, l'amore.

Artandgallery è un'opera in sé che contiene tutte le altre, concepita da Rigamonti per attivare una dimensione di concretezza attraverso l'intelligenza creativa. Secondo questa concezione, l'arte diventa strumento per incidere nel reale là dove le istituzioni sono delegittimate.

Enrico Baj diede della patafisica una definizione che sembra calzare perfettamente con la personalità dell'artista. "La Patafisica", scrisse, "non tende all'esclusivo, all'esclusione: essa al contrario ha un'attitudine spirituale che la porta a ricevere, a accogliere, a recepire. Essa è inclusiva, non esclusiva; essa include in sé tutto quanto germoglia dalla fantasia, dall'immaginazione, dal sogno, dal senso dell'Essere come del Non-Essere."[5]

Insomma, nel lavoro di Gigi Rigamonti c'è il pezzo unico e la produzione seriale. Nella sua ditta ci sono gambe, braccia, busti, in una fantascientifica fabbrica degli uomini. Poco più in là, a casa, frammenti di cronaca sono fatti a pezzi e ricomposti nei quadri. Ritroviamo l'improvvisazione jazz a volte acido e le impressioni dei viaggi, le note dure alla Tom Waits e la scrittura torrenziale del colore, senza punteggiatura e lessico, un po' beatnik. Per Rigamonti il ready-made è l'intera vita estrapolata da se stessa e posta sul piedistallo dell'arte come respiro della mente. È la registrazione di un presente continuo pericoloso e contraddittorio. È un piccolo teatro d'opera, l'attuale Artandgallery, dove Wanda Osiris e Adriano Celentano si sono esibiti nei loro primi spettacoli. È un seme che germoglia nel fango putrido delle megalopoli ed è uno spazio accogliente di relazioni. In questo reality show ci sono registi senza telecamere ed è la realtà a recitare in un'euforia costante.

5. Enrico Baj, *Patafisica. La scienza delle soluzioni immaginarie.* Milano, Bompiani, 1982, p. 12.

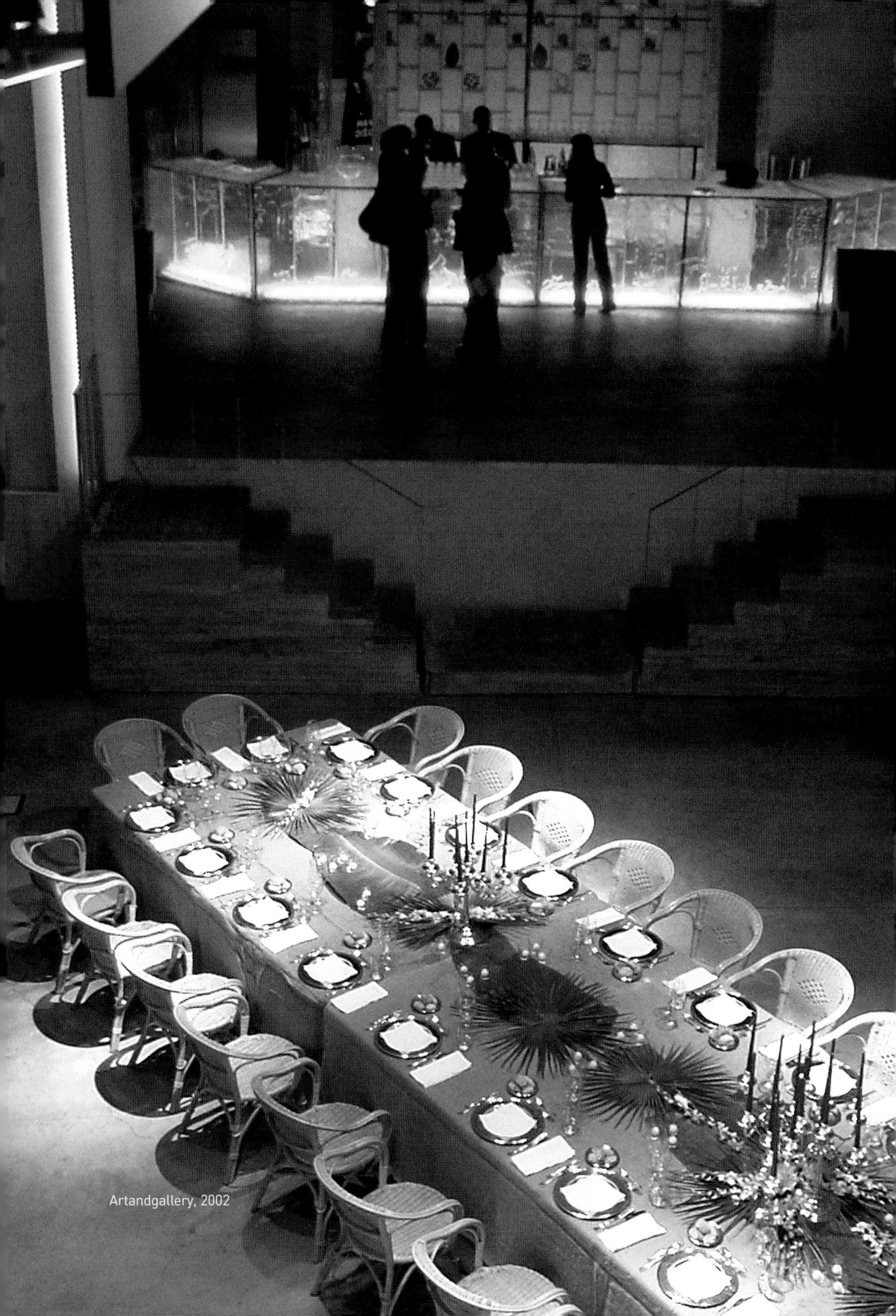

Artandgallery, 2002

A SPECIAL CONSTANT EUPHORIA

Manuela Gandini

"By my green candle!" thundered King Ubu, with a spiral at the center of his belly each time he started or ended a sentence. "By my green candle!" He would have said it in front of the multifarious production by Gigi Rigamonti when, in the early 1980s, the young artist was invited by Enrico Baj to participate in an exhibition of Pataphysics at the Palazzo Reale in Milan.

It was one of the last post-dadaist movement pushes that art managed to produce with its indomitable and rebellious energy before everything began to be fragmented and coated with patina. Before each artist became a "professional," an island, an individual that related his own product to the image and to the market and that, only as a last resort, to the production of thought.

Like a river without banks, with an explosive creativity, Rigamonti never stops being an artist: in flight, at a factory, on the seashore. During every hour of the night, in every moment of the day, in every word and every decision that leads him to confrontation either with the territory or with a square meter of a surface, Rigamonti shows he is an unquestionable artist: an anti-art artist. "I like living, breathing, better than working," said Marcel Duchamp during a long biographical interview with Pierre Cabanne, in which it clearly appears that he did not take it too seriously. Duchamp continued: "I don't think that the work I've done can have any social importance in the future. Therefore, if you wish, my art would be that of living: each second, each breath is a work which is inscribed nowhere, which is neither visual nor cerebral. It's a sort of constant euphoria."[1]

The most influential artist of the twentieth century thought that way.

The same thought of Joseph Beuys, for whom every flower is intelligent and every living being is an artist. "How do you explain a work of art to a dead fox?" he asked himself with the eyes of compassion. "Everywhere under the sky," said Confucius, "when it comes to nature, we want to mention natural phenomena. Natural phenomena are special because they are spontaneous. What we do not like about too cautious men is that they cause harm to nature."

The pages on (and by) Gigi Rigamonti are borderless; they have neither disciplinary nor geographical boundaries, neither marks nor schools. To tackle his work, it is necessary to free ourselves from preconceptions, rules, and safe ways, and to be in

1. Marcel Duchamp, *Ingegnere del tempo perduto. Conversazione con Pierre Capanne.* Milan: Multhipla Edizioni, 1979, p. 103.

tune with the peculiar rhythm of his days and his meetings. As Pataphysics is "unlimited," Rigamonti travels through time towards Alfred Jarry and Raymond Queneau as well as towards the conquest of stars, and—without even noticing it—he became a member of the Collége de Pataphysique. Because Pataphysics—as Pietro Bellasi said—is the latest available thinking. Rigamonti is indifferent to requirements and hierarchies. Intolerant of the art system and conventions, he is a multifaceted and anarchistic artist. He is in direct contact with business and robotics; he owns a factory of dummies and works by using environmentally friendly systems. While the factory is the place of production in constant renewal, the paintings and sculptures are the result of a physical, instinctual, and primordial relationship. Rigamonti, an artist free from requirements, deals with material and color, spreading it in every direction, tearing paper, pasting pages of newspapers, glossy sheets, or pieces of cardboard, and then, he tears images to tatters, creating conceptual spaces that are increasingly profound and lively.

When as a teenager he suddenly went into an inexplicable silence, suddenly fainting for no reason, he was diagnosed a strange "illness" by an anthropologist: a much higher receptive sensibility than the average. The boy "felt"—without being aware of it—what was happening in another place of the world. His parents were advised to make him draw, paint, and express through colors. Soon after, the symptoms disappeared, but the artist still perceives daily events. He stores and elaborates them through a process of purification and new contamination, with quick and sudden gestures translating perceptions into energy.

Rigamonti is a nomad. He is always traveling for business, exhibitions, or pleasure. And he spends his time dealing with people of every color, race, and ethnic group, whom he meets in the capitals of globalization. Everything moves in the midst of the noise of urban buses, the metro, scientists, sushi bars, managing directors, films, tapered columns, airports, domes, windows, television news, Chinese chopsticks, mannequins, live animals at the market, hanging ducks, heads of Buddha, tailors, fried meat, captured glances, and quick, accelerated, whirling, or elusive images. All that obeys *Dromology*, the science of speed theorized by Paul Virilio.

The philosopher said: "The city has been inverted. It used to be the place not only of politics but also of citizens, of civilization. The spirit, the atmosphere of the city made people feel free, but now, the opposite is happening. The city is becoming a war machine. Today, the city is the crucial place of both political and war crisis. I call it the city of panic because panic has seized the city. Think of the megalopolis with 20 or 30 million people living in those agglomerations that no longer have a human aspect or a human dimension: enormous cities that experience all kinds of excesses. Deregulation and derealization have invaded the city.

There has been a reversal: the city—which was the heart of our civilization—has become the center of dismantling of humanity."[2] Derealization is in all the works by Rigamonti; his three-dimensional paintings become silent clusters of anxiety and arousal, reluctance and anger, joy and innocence.

In the same way as Victor Hugo was inspired by Notre Dame, Jean Cocteau by the Eiffel Tower, Émile Zola by big department stores, Mario Sironi by gloomy industrial cities, Guido Morselli and Paul Auster by postwar cities, Jean Claude Izzo by Marseille, Rigamonti retraces the *banlieue* with ease, stressing the hardship and violence that one can breathe. Then, he draws—with a few strokes—a lamp from Shanghai or outlines the sense of non-places in "ubiquity times." He makes books without writing, without language, and without images. He assembles golden, red, yellow, and blue pages that are then torn, which can be seen through obscure transparencies. He uses glossy paper to make vision unclear and to take shine away. "What is shiny," wrote Enrico Baj in 1990, "attracts and seduces . . . Even in the sophisticated world of the arts, what is shiny and well polished or glittering is always seductive. The *pompier* painting of the last century—full of Romans of the decadence, ephebes, warriors, sultans, and odalisques—was shiny and well polished. Even the scenes of bourgeois realism—religious services, charity, portraits—were treated in detail, in a smooth and well polished way, so all those paintings were called 'licked paintings.' Licks, you know, are seductive, either in art or in other fields: lickspittles are those who, attempting to gain favor, seem to be willing to lick them."[3]

Rigamonti's universe is made of thousands of pages of notebooks, drawn during the night under the cone of light of the *abat-jour* in a hotel room. It is a dilated world, in continuous growth, anchored to life rather than to the finished product. It concerns the objects created by his hands, those that leave the chain of production, intangible objects made of social relationships as well as the ability to collect and to support exhibitions by other artists. Here, the *social sculpture* theorized by Beuys is constantly renewed. His artistic production is both individual and collective, and it is hardly ever exhibited in representative places.

In an instant, on the long table in front of the fireplace, Rigamonti improvises an opera, curved as if blowing a sax. The music is punctuated by the noise of crumpled paper. Like in a performance without an audience, there is alchemy, through which it seems to be watching rivers of cars along Californian highways at night. The energy captured on the road by Rigamonti melts in the color that runs on the surfaces chosen at random. His Fluxus approach—which revives the boy of the 1960s—is full of echoes like Cage's, of words like Kerouac's, and of screams like Ginsberg's, but with the new contemporary languages. Therefore, America Europe Middle East—no longer separated by commas—merge into

2. Paul Virilio, "Metropoli fragili," *Internazionale*, 549, 2004.
3. Enrico Baj, *Ecologia dell'arte*. Milan: Rizzoli, 1990, p. 164.

a single land: they become fluid, liquid, without boundaries, like in a trip of Timothy Leary. Salvador Dalí wrote: "For caviar is the life experience not only of the sturgeon, but of the surrealists as well, because, like the sturgeon, we are carnivorous fish, who, as I have already hinted, swim between two bodies of water, the cold water of art and the warm water of science; and it is precisely due to that temperature and to our swimming against the current that the experience of our lives and our fecundation reaches that turbid depth, that irrational and moral hyperlucidity possible only in the climate of Neronian osmosis that results from the living and continuous fusion of the sole's thickness and its crowned heat."[4]

The radio waves received by Rigamonti—discontinuous and fragmented—are led to the world of the arts. In the background, there is always social criticism, a political, poetic, and active personal commitment that makes each work multiply and spread. For a prolific and pluralistic artist, the White Cube is inconceivable. And it is for this reason that, at the beginning of the twenty-first century, a spaceship landed in Milan: a place out of this world called Artandgallery.

One day in 2002, the home phone rang. From the other side of the wire came a voice that I had not heard for years: "It's Gigi Rigamonti, how are you? I have a project. I have an extraordinary place that was an opera house in the heart of the island, and I want to make something special. Come and see it today!"

We immediately started working. There was no doubt that Artandgallery would turn into a crossroad of international experiences where art can be live and the public can be part of a work conceived globally. Artandgallery—as the audience of humanity—told stories and news just before they happened; it hosted ex-prisoners, former prison chiefs, priests, dancers, Buddhist monks, non-European citizens, sailors, journalists, filmmakers, cooks . . . in every exhibition, we included meetings that cut across the theme.

In *Tutti i nomi di Dio*, a woman wearing Shirin Neshat's *burka* had a gun pointed at the empty Madonna by Cecilia Guastaroba. In *Blind*, the wall by Athanasia Kyriakakos divided the gallery into two parts and the contact among persons was drastically hindered. And speaking of media blindness, Gigi Rigamonti and Ennio Bertrand, in their interactive installation, opened virtual corridors to wars, terrorism, fashion, reducing everything to an invisible sequence of events. Artandgallery has seen young and old, famous and emerging artists; some of them came on the occasion of the show *No Parachute*, landing without a parachute in a non-stop improvisation, often participating in an exhibition for the first time. There have been numerous performances, the works gained movement, entered the circuit of life dynamically, without effort. The themes have always been crucial: fear, the invention of reality, the language of catastrophes, love.

4. Salvador Dalí, *La droga sono io. Pensieri di un eccentrico*. Rome: Castelvecchi, 2007, p. 41.

Artandgallery is a work in itself that contains all others, conceived by Rigamonti to activate a dimension of reality through creative intelligence. According to this concept, art becomes a means to influence the real where institutions are discredited.

Enrico Baj gave a definition of Pataphysics that seems to fit perfectly with the personality of the artist. "Pataphysics," he wrote, "does not support the exclusive, exclusion. On the contrary, it has a spiritual attitude that leads it to receive, to accept, to incorporate things. It is inclusive, not exclusive; it includes in itself all that sprouts from fantasy, from imagination, from dreams, from the sense of Being and Non-being."[5]

In short, in Gigi Rigamonti's work, there are unique pieces and serial production. In his company, there are legs, arms, and torsos hanging, in a science-fiction manufacturing plant of men. A little further, at home, fragments of history are broken up and reassembled in his paintings. We find jazz improvisation—sometimes acid—and impressions of trips, hard notes like Tom Waits's and the torrential writing of color, without punctuation or vocabulary, somewhat beatnik. For Rigamonti, the readymade is the whole life extrapolated from itself and placed on the pedestal of art as the breathing of the mind. It is the record of a dangerous and contradictory present. It is a small opera house, the present Artandgallery, where Wanda Osiris and Adriano Celentano presented their first shows. It is a seed that sprouts in the putrid mud of the megalopolis and a welcoming space. In this reality show, there are directors without television cameras, as it is reality that acts in constant euphoria.

5. Enrico Baj, *Patafisica. La scienza delle soluzioni immaginarie.* Milan: Bompiani, 1982, p. 12.

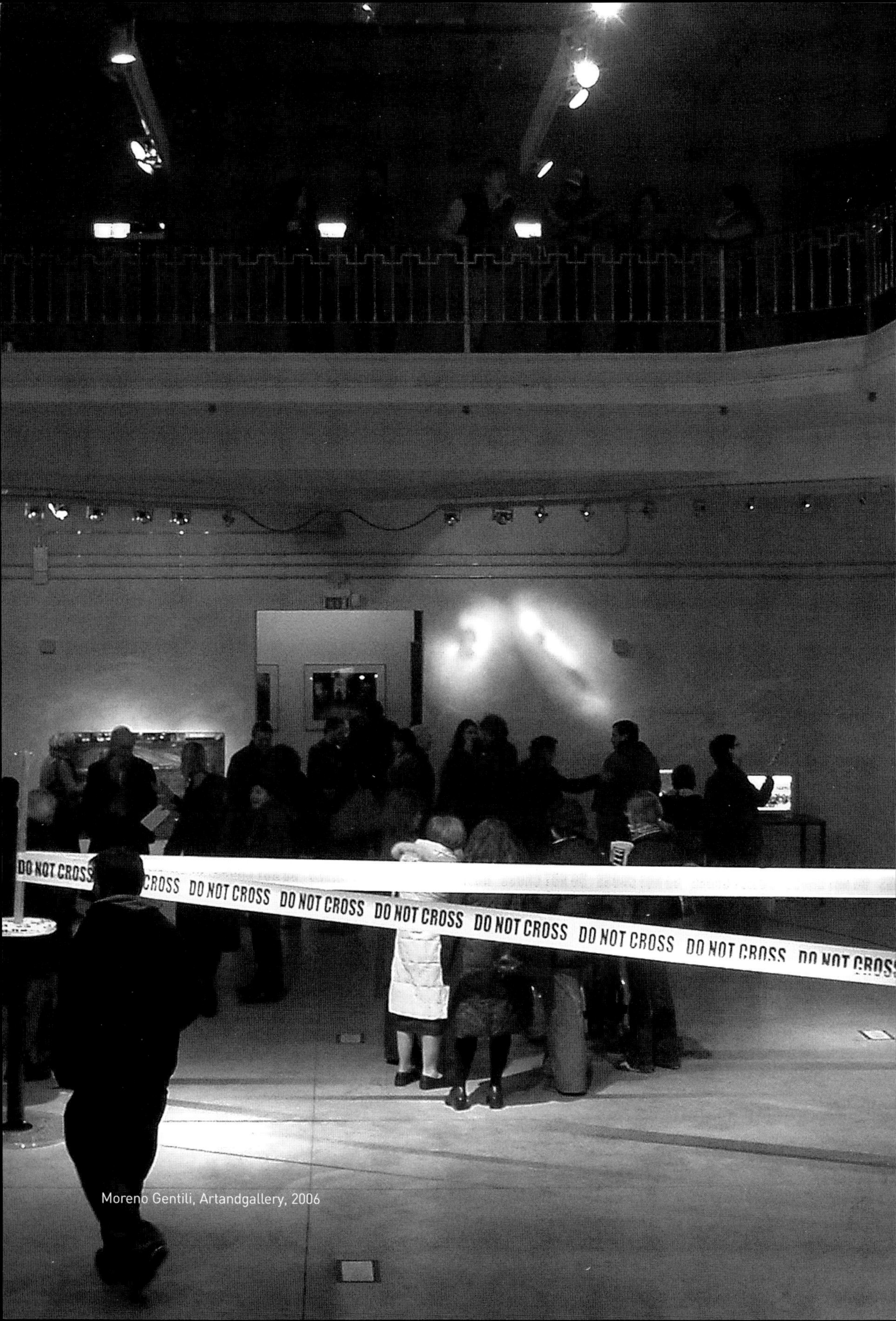

Moreno Gentili, Artandgallery, 2006

CONVERSAZIONE
Manuela Gandini, Milli Gandini, Gigi Rigamonti

Tira vento. Il plasticone della veranda del ristorante fa passare gli spifferi gelidi. Gigi Rigamonti, Milli Gandini e io, stiamo cominciando una conversazione sotto un fungo. L'arte, l'economia, noi, la vita. Il cameriere versa un vino bianco fruttato, il registratore parte. È la storia di Gigi Rigamonti, un visionario pragmatico, della sua fabbrica di manichini (tra le migliori al mondo), della fotografia, della moda, dei Beatles, della contestazione, di un palcoscenico troppo umano, delle mani sporche di colore e delle parole che diventano poesia tra oggetti di design trasparenti e opachi.

Gigi Rigamonti È un momento in cui ho una visione del mondo particolare. La creatività non si esprime unicamente facendo dei quadri. Si esprime in tanti modi: hai una visione che comprende tutti gli universi. Ci sono delle volte nelle quali comunichi con altri mezzi... se tu, ad esempio, hai un mondo un po' più ampio, hai delle visioni nelle quali ti immagini dei cambiamenti importantissimi.

Milli Gandini E li vedi anche, quindi te li devi immaginare e trovare delle soluzioni.

Gigi Philip K. Dick, lo scrittore che ha ispirato *Blade Runner*, con il suo romanzo *Il cacciatore di androidi*, mi fa impazzire da sempre. Ha scritto un casino di libri e ha una visione delle cose che mi piace particolarmente, è uno di quegli scrittori che non so neanche se sia diventato famoso in vita. Tornando indietro, anche quando ero ragazzo mi ha sempre entusiasmato la cibernetica.

Manuela Gandini Stai facendo ricerche sulla robotica, vero?

Gigi Sì, per me la cibernetica è intesa come recupero della dignità umana.

Manuela In che senso?

Gigi In questo momento si sta vivendo una crisi micidiale. Io non faccio solo l'artista, ho una fabbrica sulla quale lavorare e mi occupo di progettazione di spazi e oggetti d'arredamento. Meglio sarebbe dire: faccio l'artista facendo anche altre cose. Tu oggi devi immaginarti le trasformazioni. Non puoi pensare che arriva la crisi e alle stesse condizioni nelle quali sei entrato, ne puoi uscire. C'è uno stravolgimento totale. O sei in grado di capire l'evoluzione, il passo avanti, o soccombi. Per esempio, nel mio lavoro noi stiamo immaginando come portare un prodotto artistico artigianale a un livello industriale, perché è l'unica possibilità che abbiamo se vogliamo rimanere in Italia. Altrimenti facciamo come gli altri che vanno in Cina a prendere i cinesini. Loro hanno scelto il non-investimento. Invece io penso di avere un amore particolare per mio lavoro e voglio controllare il processo produttivo e il processo artistico. Perché la cosa straordinaria è come oggi tu porti, in pochissimi giorni, una scultura a essere prodotto. L'artigianato a essere industria. Attraverso processi di standardizzazione del modello che tu stesso plasmi con le tue mani arrivi a fare un prodotto industriale. Noi stiamo cercando di rendere industriale questo: un discorso di qualità, di eco-compatibilità, e questo lo puoi fare attraverso lo scanner 3D. Non puoi metterci gli immigrati a lavorare e lisciare. In questo periodo vado nelle aziende di robotica perché ho l'obiettivo di portare il settanta per cento del lavoro manuale a lavoro robotico. Questo discorso lo avevo già fatto per il settore della verniciatura: il nostro esperto è un perito informatico e non semplicemente un esperto di verniciatura. Ci sono dei passaggi, degli scatti di qualità della gente. Si perdono posti di lavoro che hanno vecchie caratteristiche e se ne aprono altri che ne hanno di nuove. Resta il fatto che l'azienda o si rinnova, e tecnologicamente avanza, o altrimenti chiude e se ne va in un altro paese. Questo, negli ultimi trent'anni, mi ha molto ricompensato. È una battaglia, è fantastico il fatto di poterti sentire un vero guerriero, anche se è difficile. Il guerriero è uno stato mentale.

Milli Gigi è colui che decide come se fosse sempre il comandante in capo che, in qualsiasi circostanza, ha la capacità di vedere quali sono le vie da intraprendere.

Manuela Abbiamo parlato della robotizzazione. Vorrei portarti un momento indietro, al concetto di riproducibilità tecnica dell'opera d'arte, a Walter Benjamin. Attraverso la tua esperienza diretta sul campo della produzione industriale, mista all'attività artistica, cosa succede della teoria benjaminiana oggi? Come evolve il nuovo tipo di produzione che sta diventando interamente automatizzata?

Gigi Io ho l'esperienza tridimensionale dell'opera, che è diversa da quella pittorica, nel senso che faccio il pittore, ma gli oggetti, che possono diventare una cosa o un'altra come modalità d'uso finale, possono avere lo stesso destino del quadro. Il discorso è quello di sconfinare da un settore all'altro. Ciò che sto cercando di cambiare è di rendere la rappresentazione la più fedele possibile all'originale, all'interno di un processo di scannerizzazione che ci porta, attraverso macchine di controllo numerico, a fare degli stampi estremamente sofisticati. Siamo molto avanti rispetto agli altri e questo lo sperimentiamo direttamente ogni giorno. La cosa diversa è il fatto che tu possa riconoscere che la serialità è importante, come anche la serigrafia, e che però non ha la fedeltà di tutti i colori, di tutte le nuance, mentre funziona benissimo tridimensionalmente. La capacità di riproduzione che abbiamo affinato rispetto al pezzo originale è molto più forte.

Milli La novità della figura di Rigamonti è che è contemporaneamente industriale e artista. Questo è dirompente. È artista quando fa l'industriale, è industriale quando fa l'artista.

Manuela Sei antiarte, antiarte come sistema.

Milli Quando l'ho conosciuto non mi ha detto per molto tempo che faceva l'artista.

Gigi La mia filosofia è dare il cento per cento. Questo mio fare arte è stato un continuo riequilibrio. Non ho la più pallida idea di cosa sia l'arte. Quando vado a casa, alla sera, faccio le mie opere, riempio i miei quaderni, e allora un mondo entra in un altro, in un altro e in un altro.

Manuela Che importanza ha il denaro per te?

Gigi Hai la libertà totale e non sei costretto a seguire una tecnica o una traccia voluta da altri.

Manuela A proposito di fabbriche e Factory, qual è la differenza tra la tua fabbrica e quella di Andy Warhol?

Gigi Avevo una moglie, che è morta nel 1991, ed era un po' fanatica di queste cose. Era una grande estimatrice sia di Andy Warhol che mia. Credo che la Factory, fabbrica in italiano, sia una cosa; mentre la fabbrica è una cosa molto diversa. La fabbrica ha delle dimensioni umane, e qui non voglio parlare di come Warhol si comportasse con chi lavorava per lui. È chiaro che la situazione di creatività della Factory, in una fabbrica il più delle volte non puoi averla, nel senso che affronti dei problemi di gestione completamente diversi. L'altro aspetto è che io non ho alcun desiderio di apparire, mentre Warhol aveva l'attitudine opposta.
Non conosco moltissimo l'idea di bello e di brutto di Andy. Per un paio d'anni ho fatto il pubblicitario e sono scappato da quel mondo. Facevo tante serigrafie perché da ragazzo mi occupavo di politica in università, in quel momento ero particolarmente felice, e la serigrafia era una cosa normale, la si faceva quotidianamente. Si è passati dai tazebao scritti con il pennarello, al fatto che si potesse usare il colore per le serigrafie. Mi sembrava talmente normale che non l'ho mai considerata come una possibile forma d'arte. Da un altro punto di vista ritengo e ritenevo che l'artista dovesse sempre essere "contro", invece questa gente era sempre "con". Rappresentava l'esaltazione, loro stavano

coscientemente facendo un percorso di arte americana ed era l'esaltazione di un modo di vivere dell'*american dream*. Io invece ho sempre pensato che l'artista è "contro" come Hieronymus Bosch e il Caravaggio.

Milli Rigamonti ha sempre continuato a fare separatamente le sue attività poi, un giorno, ha deciso di unirle. Da quel momento ha abbinato le due cose: industria e arte, e in questo è un capostipite.

Gigi Da ragazzo ogni tanto svenivo, cadevo, entravo in una specie di trance, mi si bloccava lo stomaco. I miei genitori preoccupati a un certo punto mi portarono da un antropologo e lui disse: "La cosa è più semplice di quanto pensiate: questo ragazzo ha una sensibilità tale che assorbe tutto. Ad esempio, se succede qualcosa in Australia, pur senza rendersene conto, la sente, lo colpisce e sta male perché l'assorbe". Già che facevo dei disegni, ho cominciato a dipingere. Io non volevo stare male e ho cominciato a esprimermi attraverso il segno, la fotografia e il resto.

Manuela Così comincia il tuo percorso artistico.

Gigi Lì ho cominciato a disegnare e fotografare. Ciò che mi ha sempre fregato un po' nella vita è che sceglievo dei mezzi di sussistenza, tipo la fotografia, perché rappresentava l'emancipazione economica dalla mia famiglia che era benestante. Certo ero ribelle. Ho sempre dato un po' di problemi. Comunque la fotografia mi riusciva e mi andava bene, non avevo tormenti. Lavoravo otto mesi e poi partivo con i miei soldi.
La fotografia è stata per me un mezzo di sussistenza, poi sono sempre stato molto attratto dalla parte tecnica, esattamente il contrario di ciò che faccio adesso. Mi ha sempre affascinato il fatto di poter fare con 8000 watt uno scatto su un campo piccolissimo. Diventavo matto a fotografare i bicchieri. In quegli anni andavo a Umbria Jazz, ho fatto il fotografo di scena. Dopo un po' di anni non mi ha più interessato la fotografia e non ho più preso in mano la macchina.

Manuela Cosa ti aveva avvicinato alla fotografia?

Gigi *Blow-up!*[1] Io sono nato nel 1949 e ritengo di avere avuto nella mia vita il timing perfetto: i Beatles, i Rolling Stones, *Blow-up*. È molto raro che possa capitare: l'Isola di Wight, i Beatles che si stavano dividendo, io che a quindici anni vado al Vigorelli a sentirli e poi comincio a viaggiare. A ventuno anni sono andato in Afghanistan e lì mi sono allontanato dalla fotografia, nel 1978.

Milli Lui ha abbracciato la contemporaneità, non ha preceduto ma ha colto il cambiamento e vi si è inserito in modo totale, assoluto, sorbendone tutto il profumo.

1. Ha dichiarato Michelangelo Antonioni: "L'idea di *Blow-up* mi è venuta leggendo un breve racconto di Julio Cortázar. Non mi interessava tanto la vicenda, quanto il meccanismo delle fotografie. La scartai e ne scrissi una nuova, nella quale il meccanismo assumeva un peso e un significato diversi." Michelangelo Antonioni, *Blow-up*. Torino, Einaudi, 1968, p. 7.

Gigi Mentre la fotografia anni Settanta diventa un lavoro appetibilissimo, quando Milano comincia a essere il centro della moda, io me ne vado e tutti mi chiedono il perché. Mia mamma mi disse: "Abbiamo un'azienda creativa, perché non ti occupi delle stesse cose ma in azienda?" E ci ho provato. Questa cosa è stata un equilibrio.

Manuela Perché nel 2002 hai aperto Artandgallery?

Gigi Artandgallery, che significa arte e anche galleria e anche altro, nasce in modo un po' misterioso. Un giorno, come se avessi preso una pallonata in testa, non so per quale motivo, ho cominciato a girare alla ricerca di un posto che fosse bello. Sono andato ovunque a Milano, in vecchie fabbriche, vecchi magazzini e dopo un po' di tempo sono capitato là, in via Arese, in questo teatro d'opera degli anni Trenta. Quando ho visto lo spazio me ne sono innamorato subito. Mio figlio continua a dire: "Mio papà ha fatto una galleria d'arte dove in sei anni non ha venduto una sola opera".
Ma sai, è vero che le aspettative economiche sono importanti, tuttavia personalmente sono sempre vissuto nella disorganizzazione totale e nella non aspettativa. Artandgallery era in questa direzione. Da ragazzo ho letto molto Jack Kerouac.

Manuela Cosa significa per te aver messo insieme tante opere, tanti artisti, tante mostre?

Gigi Senza fare della satira, più che arte sociale abbiamo fatto delle cose di una straordinaria contemporaneità. Anzi, il fatto di non essere legati a nessun mercato ci ha permesso di fare cose particolari, inaspettate, diverse. Noi non eravamo tesi verso la carriera dell'artista ma verso le idee che stavamo veicolando, e non per un ristretto mondo dell'arte, bensì per tutti i mondi.

Manuela Come vedi il futuro?

Gigi Il futuro è straordinario, è bellissimo perché chi sa cogliere i cambiamenti che ci possono essere avrà grandi opportunità. L'arte come bene rifugio? L'arte deve andare avanti, essere messa in condizione di andare avanti. Va bene che sia un bene rifugio ma bisogna andare oltre. Oggi, questa crisi porta a una selezione naturale, dura e vitale. La cosa straordinaria di questa crisi, che è molto profonda, è che farà emergere finalmente le vere qualità delle persone.

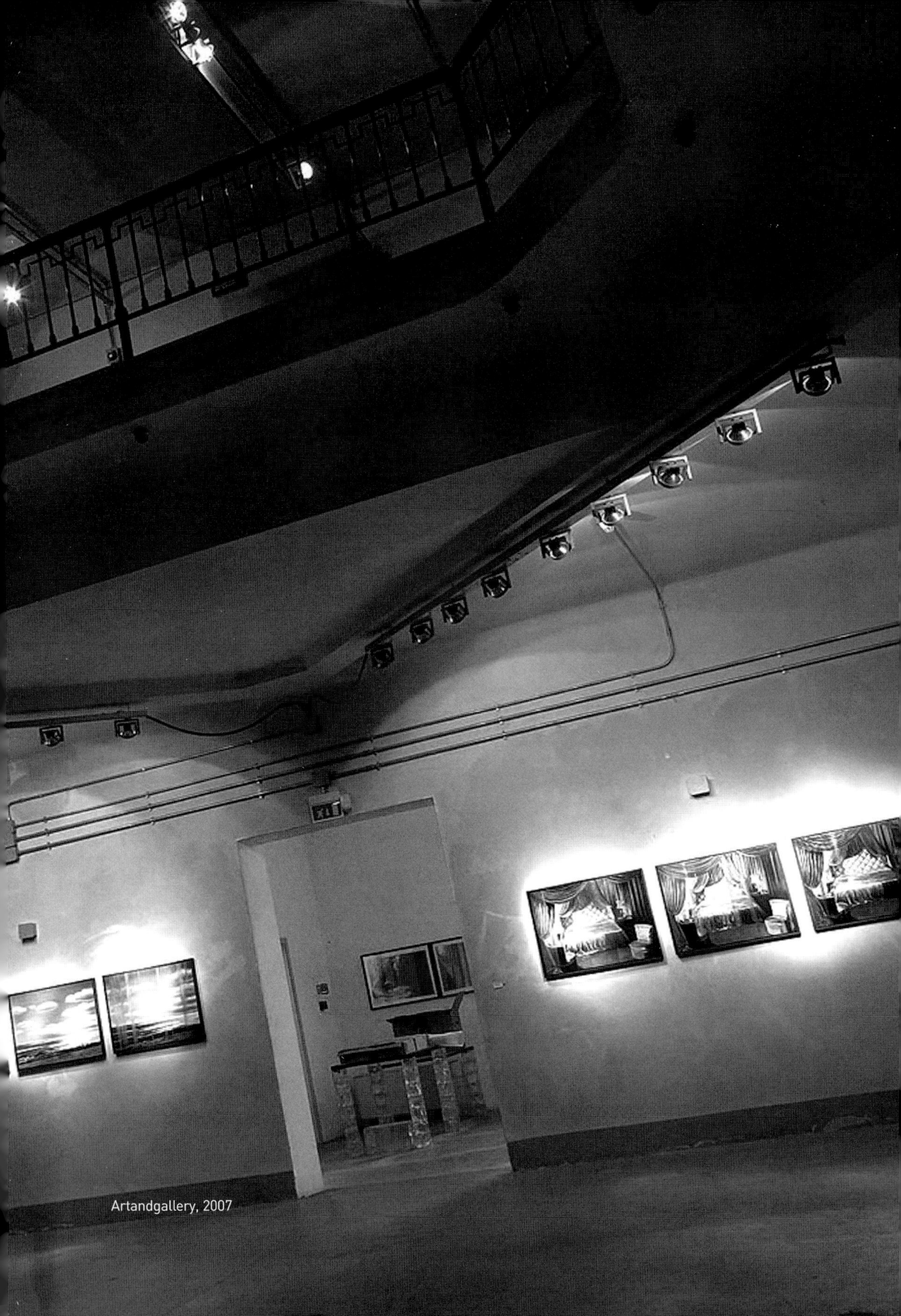
Artandgallery, 2007

CONVERSATION
Manuela Gandini, Milli Gandini, Gigi Rigamonti

The wind blows. The plastic enclosure on the restaurant's veranda lets in freezing draughts. Gigi Rigamonti, Milli Grandini, and I were beginning a conversation under a mushroom. Art, economy, us, life. The waiter pours a fruity white wine. The recorder is switched on. It is the story of Gigi Rigamonti, a pragmatic visionairy, and of his factory of dummies (among the best in the world); it is a story of photography, of fashion, the Beatles, protests, of a too human stage, of hands stained with color and words that become poetry among design objects that are simultaneously transparent and opaque.

Gigi Rigamonti At the moment I have a very peculiar vison of the world. Creativity isn't only expressed through painting. It manifests itself in many ways: through a vision that comprehends all universes There are times in which you express yourself in different ways. For example, if you have a larger world, you have visions in which you imagine very important changes.

Milli Gandini And so you imagine them and then you find solutions.

Gigi I've always been crazy about Philip K. Dick, whose novel *Do Androids Dream of Electric Sheep?* inspired *Blade Runner*. He wrote a hell of a lot of books and had a vision of things that I particularly like. He's one of those writers that I'm not even sure became famous while he was alive. Going back to when I was young, I've always loved cybernetics.

Manuela Gandini You are doing research on roboticics, right?

Gigi Yes, for me cybernetics represents the recovery of human dignity.

Manuela In what sense?

Gigi At the moment, we are living in a terrible crisis. I am not only an artist. I have a factory and I work in interior design—the spaces, the objects. Or better: I'm an artist, but I do other things, too. Today you have to imagine the transformation. You can't think that a crisis has occurred and that you can just carry on as before. There is a total derangement. Either you can imagine the evolution, the advance, or you're lost. For example, in my work we are trying to understand how to bring artistic/artisanal products to an industrial level because it's our way of staying in Italy. Otherwise, we'll have to do like everyone else does, and go to China and work with the little Chinese. They chose not to invest. Instead, I have a particular love for my job, and I want to oversee the production and artistic processes involved. Because the extraordinary thing today is how, in a very brief period, you can convert a sculpture into a product. Handcrafts become industry. Through the process of standardization of the model that you yourself shape with your hands you can manage to obtain an industrial product. We are trying to industrialize this: we're talking about quality and eco-compatibility, to be accomplished with a 3D scanner. You can't place immigrants there to work and finish the products (it's not work for immigrants). These days I go to robot factories because I have the aim of converting seventy percent of manual labor into robotic labor. I've already done this in the varnishing sector: our expert is a computer specialist, not just a varnishing technician. There are some advances, people improve. Old fashioned jobs are lost and new, advanced ones appear. The fact is that either the company retools and advances technologically or it closes and moves to another country. To see this happen over the last thirty years has been very gratifying. It's a struggle, it's wonderful to be able to feel like a real warrior, even if it's difficult. To be a warrior is a mental state.

Milli Gigi is the one who always acts as though he were the commander-in-chief, who, no matter what the circumstances, understands what direction to take.

Manuela We spoke about the advance of robotics. I would like to return for a moment to Walter Benjamin's concept concerning the reproducibility of the work of art. Given your direct experience in the field of production, combined with your artistic activity, we might ask, what are we to make of Benjamin's theories today? How does the new, entirely automatized mode of production evolve?

Gigi I have the experience of the three-dimensional work, which is different from the pictorial one, meaning that I am a painter but . . . objects, which can become one thing or another in terms of their final use, can have the same destiny that paintings have. The thing is to shift from one field to another. What I'm trying to do is to make the representation as close to the original as possible, through a process that involves scanning and machines that utilize numerical control, in order to create extremely sophisticated molds. We are far in advance of others in this respect, and we prove this every day. What's different is to be able to recognize that seriality is important, as is serigraphy, although neither is faithful to all colors, to all nuances, while seriality works perfectly in three dimensions. We have greatly enhanced our ability to reproduce an image from the original.

Milli What's new about Rigamonti is that he is an industrialist and an artist at the same time. This is remarkable. He is an artist while being an industrialist and vice versa.

Manuela You are anti-art, tout court.

Milli It was only a long time after we'd met that he told me that he was an artist.

Gigi My philosophy is to give one hundred percent. My art has been a continuous attempt to restore things to their proper balance. I haven't the slightest idea what art is. When I go home at night, I do my work, I fill my notebooks, and then one world leads to the next, to the next, to the next . . .

Manuela What importance does money hold for you?

Gigi You are completely free and you are not compelled to follow someone else's technique or path.

Manuela Talking about factories and the Factory, what is the difference between yours and Andy Warhol's?

Gigi I had a wife, who died in 1991. She was crazy about these sorts of things. She was a great fan both of Andy Warhol and of me. I think the Factory was one thing, while a factory is something very different. A factory has human dimensions, and here I don't want to talk about the way Warhol behaved with his workers. It's clear that in a factory, most of the time you can't have the same creative situation as in the Factory, meaning that problems of management are completely different. Furthermore, I have no desire to be seen, whereas Warhol had the opposite attitude.
I'm not very familiar with Andy's idea about beauty. For a couple of years, I was an ad-man, a job I fled. I made many serigraphies because when I was young I was politically involved at university—I was very happy at the time—and serigraphy was a normal, everyday thing to do. We went from Tazebau written with felt pens to using color for serigraphies. It seemed so normal that I never considered it a possible form of art. From another point of view, I think now, and I thought then, that an artist should always be "against," whereas these people were always "with." They represented exaltation, they were consciously following the path of American art, their exaltation was concerned with the American Dream. On the contrary, I always thought that the artist was "against," like Hieronymous Bosch or Caravaggio.

Milli Rigamonti went on with his two activities, keeping them separate, however. Then one day, he decided to combine them. From that moment he combined the two things: industry and art, thus becoming a founder of the genre.

1. Michelangelo Anto-
nioni declared: "I got
the idea for *Blow-up*
from a short story by
Julio Cortázar. Rather
than the story, I was
interested in the mech-
anism of photographs.
I drafted one script and
wrote a new one, in
which the mechanism
had a different impor-
tance and meaning."
Michelangelo Antonioni,
Blow-up. Turin: Einaudi,
1968, p. 7.

Gigi When I was a boy, from time to time I would faint, I would fall into a sort of trance, my stomach would constrict. My parents were worried and one day they took me to an anthropologist, who said: "The problem is easier than you might imagine: this boy has a sensibility that absorbs everything. For example, say something happens in Australia, even if he doesn't know it, he feels it and he feels sick because he senses it." Since I was already drawing, I began to paint. I did not want to feel sick and I started to express myself through the sign, photography, and all the rest.

Manuela And that's how your artistic career began.

Gigi That's how I started drawing and taking photographs. What has always been a problem in my life is that I chose means of survival, such as photography, just because they represented a financial emancipation from my wealthy family. I was a rebel, no doubt. I've always been a bit of a problem. But photography suited me. I was successful, it wasn't a struggle. I would work for eight months and then I'd travel with what I'd made.
Photography for me was a means of survival, and then I've always been attracted by the technical aspect of it, just the opposite of what I do now. It always amused me to be able to focus 8000 watts on a small field. I loved to photograph glasses. At the time, I was going to the Umbria Jazz festival and I was a stage photographer. After some years, I lost interest in photography and I did't use the camera again.

Manuela – What drew you to photography?

Gigi *Blow-up.*[1] I was born in 1949 and I still think that I have had the perfect timing in life: the Beatles, the Rolling Stones, *Blow-up*. It's something that rarely happens: the Isle of Wight, the Beatles splitting up, me at fifteen going to the Vigorelli to see them, then starting to travel. At twenty-one, I went to Afghanistan, then gave up photography, in 1978.

Milli He embraced contemporaneity, he did not anticipate changes, but grasped, embraced, and absorbed them completely, in all their various aspects.

Gigi In the 1970s, when photography became a very appealing job and Milan started to be the center of fashion, I quit and everybody asked me why. My mother said: "We have a creative company, why don't you do the same sort of things with us?" And I tried. This brought things back into their proper balance.

Manuela Why did you create Artandgallery in 2002?

Gigi Artandgallery, which means art and also gallery, and more, was born in a slightly mysterious way. One day, out of the blue, I started looking around for a nice place. I went all over Milan—

old farms, old warehouses, and after a while I ended up there, on Via Arese, in an opera theatre from the 1930s. When I saw the space I immediately fell in love with it. My son kept repeating: "My father created an art gallery in a place where in six years he didn't sell a single work of art."
But, you know, financial considerations are important, though personally I've always lived in total chaos, expecting nothing. Artandgallery had this attitude. When I was young I read a lot of Jack Kerouac.

Manuela What does it mean to you to have put together so many works, artists, and shows?

Gigi Without meaning to sound ironic, I could say that more than social art we did some extraordinary contemporary things. And the fact that we weren't linked to a market permitted us to do peculiar, unexpected, different sorts of things. We weren't concerned with the artist's career, but with the ideas we were supporting, not for a restricted world of art, but for all kinds of worlds.

Manuela How do you see the future?

Gigi The future is amazing, it's wonderful; those who can catch the potential wave of change will have great opportunities. Art as a safe refuge? Art must progress, it must have the means to progress. It's fine if it's a safe refuge, but then you need to go on. Today's crisis leads to a natural selection, hard and vital. The great thing about this crisis is that it is very deep and that it will reveal to people the truly important things.

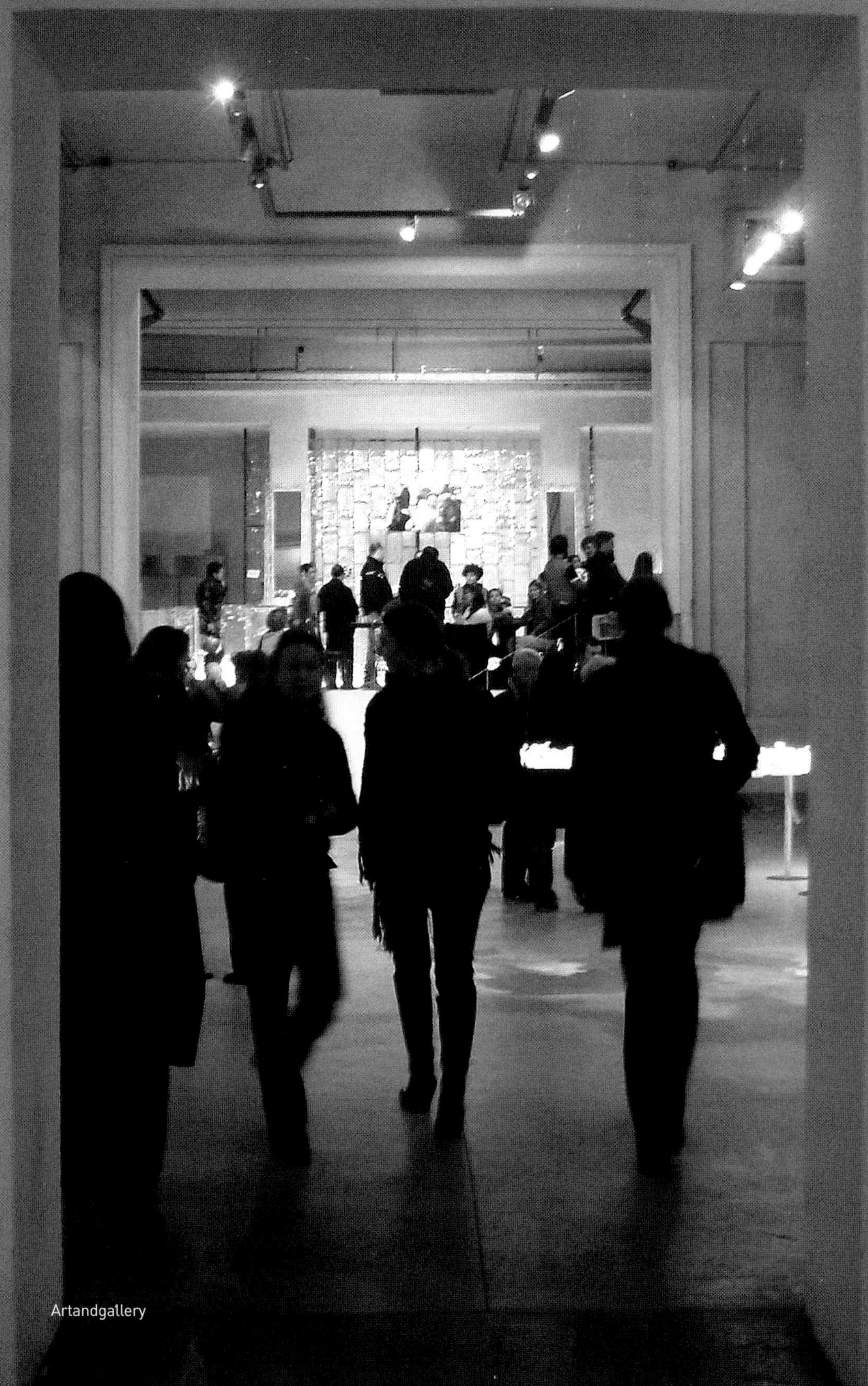
Artandgallery

APPARATI APPENDIX

ELENCO DELLE OPERE / LIST OF WORKS

Storia 1, 2007
tempera, acrilici, carta da lucido, su legno / tempera, acrylic, tracing paper on wood
114 x 85 x 6,5 cm
p. 19

Storia 2, 2007
tempera, acrilici, carta da lucido, su legno, inserto floreale / tempera, acrylic, tracing paper on wood with flower insert
62 x 62 x 10 cm
pp. 20-21

Storia 3, 2008
tempera, acrilici, carta da lucido, su legno / tempera, acrylic, tracing paper on wood
62 x 62 x 25 cm
pp. 22-23

Storia 4, 2008
tempera, acrilici, carta da lucido, su legno / tempera, acrylic, tracing paper on wood
73 x 47 x 11 cm
pp. 24-25

Storia 5, 2008
tempera, acrilici, carta da lucido, su legno / tempera, acrylic, tracing paper on wood
62,5 x 62,5 x 10 cm
pp. 26-27

Storia 6, 2008
tempera, acrilici, carta da lucido, su legno / tempera, acrylic, tracing paper on wood
62 x 62 x 11 cm
p. 28

Storia 7, 2008
tempera, acrilici, carta da lucido, su legno / tempera, acrylic, tracing paper on wood
68,5 x 62,5 x 24 cm
p. 29

Storia 8, 2008
tempera, acrilici, carta da lucido, su legno / tempera, acrylic, tracing paper on wood
72 x 72 x 5 cm
p. 30

Storia 9, 2008
tempera, acrilici, carta da lucido su legno / tempera, acrylic, tracing paper on wood
72,5 x 72 x 8 cm
p. 31

Storia 10, 2008
tempera, acrilici, carta da lucido, su legno / tempera, acrylic, tracing paper on wood
74,5 x 72 x 24 cm
p. 32

Storia 11, 2008
tempera, acrilici, carta da lucido, su legno / tempera, acrylic, tracing paper on wood
68 x 68 x 14 cm
p. 33

Storia 12, 2008
tempera, acrilici, carta da lucido, su legno / tempera, acrylic, tracing paper on wood
62 x 62 x 19 cm
pp. 34-35

Storia 13, 2008
tempera, acrilici, carta da lucido, su legno / tempera, acrylic, tracing paper on wood
77 x 72 x 14 cm
p. 36

Storia 14, 2008
tempera, acrilici, carta da lucido, su legno / tempera, acrylic, tracing paper on wood
63 x 62 x 6 cm
p. 37

Storia 15, 2008
tempera, acrilici, carta da lucido, su legno / tempera, acrylic, tracing paper on wood
72 x 62 x 8 cm
pp. 38-39

Storia 16, 2008
tempera, acrilici, carta da lucido, su legno / tempera, acrylic, tracing paper on wood
72,5 x 47 x 22 cm
p. 40

Storia 17, 2008
tempera, acrilici, carta da lucido, su legno / tempera, acrylic, tracing paper on wood
72 x 62 x 20 cm
p. 41

Storia 18, 2008
tempera, acrilici, carta da lucido, su legno / tempera, acrylic, tracing paper on wood
79 x 72 x 20 cm
p. 42

Storia 19, 2008
tempera, acrilici, carta da
lucido, su legno / tempera,
acrylic, tracing paper on
wood
84 x 55 x 20 cm
p. 43

Storia 20, 2008
tempera, acrilici, carta da
lucido, su legno / tempera,
acrylic, tracing paper on
wood
72 x 62 x 16 cm
p. 44

Storia 21, 2008
tempera, acrilici, carta da
lucido, su legno / tempera,
acrylic, tracing paper on
wood
82 x 68 x 18 cm
p. 45

Storia 22, 2008
tempera, acrilici, carta da
lucido, su legno / tempera,
acrylic, tracing paper on
wood
92 x 63 x 36 cm
pp. 46-47

Storia 23, 2008
tempera, acrilici, carta da
lucido, su legno / tempera,
acrylic, tracing paper on
wood
104 x 82 x 10 cm
p. 48

Storia 24, 2008
tempera, acrilici, carta da
lucido, su legno / tempera,
acrylic, tracing paper on
wood
121 x 113 x 27 cm
p. 49

Storia 25, 2008
tempera, acrilici, carta da
lucido, su legno / tempera,
acrylic, tracing paper on
wood
222 x 123 x 20 cm
p. 50

Storia 26, 2008
tempera, acrilici, carta da
lucido, su legno / tempera,
acrylic, tracing paper on
wood
222 x 123 x 30 cm
p. 51

Storia 27, 2008
tempera, acrilici, carta da
lucido, su legno / tempera,
acrylic, tracing paper on
wood
222 x 122,5 x 20 cm
p. 52

Storia 28, 2008
tempera, acrilici, carta da
lucido, su legno / tempera,
acrylic, tracing paper on
wood
222 x 122 x 30 cm
p. 53

Storia 29, 2008
tempera, acrilici, carta da
lucido, su legno / tempera,
acrylic, tracing paper on
wood
72,5 x 72,5 x 26 cm
p. 54

Storia 30, 2009
tempera, acrilici, carta da
lucido, su legno / tempera,
acrylic, tracing paper on
wood
68 x 62,5 x 11 cm
p. 55

Storia 31, 2009
tempera, acrilici, carta da
lucido, su legno con inserto
quotidiano / tempera,
acrylic, tracing paper on
wood with newspaper insert
87 x 84 x 17 cm
p. 56

Storia 32, 2009
tempera, acrilici, carta da
lucido, su legno, inserto di
quotidiano / tempera,
acrylic, tracing paper on
wood with newspaper insert
122 x 85 x 34 cm
p. 57

Storia 33, 2009
tempera, acrilici, carta da
lucido, su legno, inserto di
quotidiano / tempera,
acrylic, tracing paper on
wood with newspaper insert
122,5 x 113 x 27 cm
pp. 58-59

GIGI RIGAMONTI

Gigi Rigamonti nasce a Desio (Milano) nel 1949. Studia al Royal College of Arts di Londra, frequenta la facoltà di economia a Pavia e la facoltà di filosofia alla Statale di Milano. L'approfondimento delle diverse discipline consentono all'artista di spaziare tra i molteplici campi dell'arte: fotografia, scultura, socialità, pittura e mixed media.
Dal 1972 al 1982 è fotografo reporter professionista. Contemporaneamente sviluppa la vocazione alla scultura e nel 1987 espone al Dalmy's, a Montreal. Partecipa nel 1983 alla mostra sulla "patafisica", curata da Enrico Baj a Palazzo Reale, a Milano. Nel 1989 realizza opere per la mostra di Gianni Versace, *Un abito per pensare*, al Castello Sforzesco di Milano. Nel 1992 espone alla Golden Gallery a Tokyo. Nel 2002 partecipa, con una personale, alla prima edizione di Miami Basel. Lo stesso anno fonda Artandgallery, uno spazio multidisciplinare collocato in un ex teatro d'opera nel quartiere Isola di Milano. Da quel momento Rigamonti concepisce la propria opera come un organismo in continua espansione, che origina dalla pittura e si estende alla socialità. Nei primi anni Duemila aprirà Spazio Anfossi a Milano, e 1902, un anomalo ristorante/trattoria, con atmosfere alla Simenon, a Palazzolo Milanese. Il luogo è contenitore di eventi poetici, musicali, teatrali. Nel 2003 inaugura *Danza*, un'istallazione per la nave da crociera Costa Mediterranea, nel 2005 espone *Le Cirque* all'Art Center Xingfucun e nel 2006 partecipa a *Pagine d'artista* allo Spazio Anfossi. A Shanghai, nel 2007, realizza il progetto *Plastica del desiderio*, un'istallazione di grandi dimensioni a Times Square, in collaborazione con la Camera del Commercio Italiana in Cina.

Gigi Rigamonti was born in Desio (Milan) in 1949. He studied at the Royal College of Arts in London and attended the Department of Economics at Pavia and the Department of Philosophy at the Università Statale of Milan. His study of these different subjects allowed him to freely explore multiple fields of art: photography, sculpture, painting, and mixed media.
From 1972 to 1982 he worked as a professional photojournalist. At the same time he nurtured a vocation for sculpture, and in 1987 he exhibited at Dalmy's, in Montreal. In 1983 he participated in the show on Patafisica, curated by Enrico Baj, at the Palazzo Reale in Milan. In 1989 he exhibited in the Gianni Versace show *Un abito per pensare*, at the Castello Sforzesco in Milan. In 1992, he held a show at the Golden Gallery in Tokyo. In 2002, he participated, with a solo exhibition, in the first edition of Miami-Basel. The same year he founded ArtandGallery, a multidisciplinary space located in a former opera theatre in the neighborhood of Isola, in Milan. From that moment, Rigamonti conceived of his work as an organism in continuous expansion, moving from painting to the social surround. At the beginning of the twenty-first century, he opened Spazio Anfossi in Milan and 1902, an innovative restaurant with a "Simenonesque" atmosphere in the Palazzolo Milanese. The place featured poetry, music, and theatre. In 2003 he inaugurated *Danza*, an installation for the cruise ship Costa Mediterranea. In 2005 he exhibited *Le Cirque* at the Xingfucun Art Center, and in 2006 he participated in *Pagine d'artista* at the Spazio Anfossi. In Shanghai, in 2007, he displayed *Plastica del desiderio*, an enormous installation at Times Square, in collaboration with the Italian Chamber of Commerce in China.

MANUELA GANDINI

Manuela Gandini, nata a Varese, è laureata in architettura al Politecnico di Milano. Vive e lavora tra Milano e Castiglione Olona. È scrittrice e critica d'arte contemporanea. Ha curato numerose mostre, tra le quali *Taking the Picture. Photography & Appropriation* alla Castelli Gallery a New York e al Gallery Night a Milano (1990). È stata curatore alla Biennale di Venezia (1993). Dopo aver compiuto due viaggi nei Balcani, durante la guerra, ha organizzato, con il gruppo Trio Sarajevo, *Enjoy Sarajevo* allo Studio Oggetto di Milano (1995). Ha collaborato con i quotidiani *Il Giorno* e *Il Sole 24 Ore*. Attualmente scrive per *La Stampa*, *Diario*, *Segno*. È autrice del volume *Ileana Sonnabend. The Queen of Art*, Castelvecchi, 2008. Con Raffaello Siniscalco ha realizzato per la Rai *Il signore dell'arte*, un film sulla vita di Leo Castelli (1991). Ha diretto Artandgallery dal 2002 al 2006 concependo lo spazio come un luogo di continuità/contiguità tra realtà estreme e arti contemporanee. Tra le mostre di Artandgallery: *Tutti i nomi di Dio* (2002); *Il linguaggio delle catastrofi* (2003); *I semi di Joseph Beuys* (2003).

Manuela Gandini was born in Varese. She has a degree in Architecture from the Politecnico of Milan. She works and lives in Milan and Castiglione Olona. She is a writer and critic specializing in contemporary art, and has curated many shows, including *Taking the Picture. Photography & Apropriation* at the Castelli Gallery in New York and at Gallery Night in Milan (1990). She has been a curator for the Venice Biennale (1993). After two trips to the Balkans, during the war, she organized, with the group Trio Sarajevo, *Enjoy Sarajevo* at Studio Oggetto in Milan (1995). She worked for the newspapers *Il Giorno* and *Il Sole 24 Ore*. She presently writes for *La Stampa*, *Diario*, and *Segno*. She wrote the book *Ileana Sonnabend. The Queen of Art* (Rome: Castelvecchi, 2008). Together with Raffaello Siniscalco she created for Rai Television *Il signore dell'arte*, a movie on the life of Leo Castelli (1991). She directed Artandgallery from 2002 to 2006, conceiving the space as a place of continuity/contiguity between extreme realities and contemporary arts. Among the shows exhibited at Artandgallery: *Tutti i nomi di Dio* (2002); *Il linguaggio delle catastrofi* (2003); and *I semi di Joseph Beuys* (2003).

SOMMARIO / CONTENTS

Progetto grafico / Design
Daniela Meda, Gabriele Nason

Coordinamento redazionale / Editorial Coordination
Filomena Moscatelli

Redazione / Copyediting
Federica Cimatti
Emily Ligniti

Traduzione / Translation
Elisabet Lovagnini
Livia Signorini

Copy e Ufficio stampa / Copywriting and Press Office
Silvia Palombi Arte&Mostre, Milano

Direttore editoriale USA / US Editorial Director
Francesca Sorace

Promozione e Web / Promotion and Web
Monica D'Emidio

Distribuzione / Distribution
Antonia De Besi

Amministrazione / Administration
Grazia De Giosa

Magazzino e Spaccio / Warehouse and Outlet
Roberto Curiale

Copertina / Cover
Storia 12, 2009

Referenze fotografiche / Photo Credits
Fabio Gambina

Edizioni Charta srl
Milano
via della Moscova, 27 - 20121
Tel. +39-026598098/026598200
Fax +39-026598577
e-mail: charta@chartaartbooks.it

Charta Books Ltd.
New York City
Tribeca Office
Tel. +1-313-406-8468
e-mail: international@chartaartbooks.it

www.chartaartbooks.it

Artandgallery
via Arese 5, Milano
e-mail: info@artandgallery.it
www.artandgallery.it

GIGI RIGAMONTI. CROSS STORIES

15 aprile / April - 15 luglio / July 2009

Artandgallery
via Arese 5, Milano

*Coordinamento organizzativo /
Coordination*
Carlotta Cassani

Web Designer
Cristina Braga

Allestimento / Installation Design
Barbara Goltermann (Grünblau)

Ufficio Stampa / Press Office
Irma Bianchi Comunicazione

Grazie a / Thanks to
Giada Maieron

Per saperne di più su Charta
ed essere sempre aggiornato sulle novità entra in

To find out more about Charta,
and to learn about our most recent publications, visit

www.chartaartbooks.it

Finito di stampare nel mese di marzo 2009
da Leva, Sesto San Giovanni
per conto di Edizioni Charta